editorial Sirio, s.a.

2ª edición: diciembre 2002

Título original: SUCCESS IS JUST ONE WISH AWAY
Traducido del inglés por Miguel Martínez Sarmiento

EDITORIAL SIRIO, S.A.
C/ Panaderos, 9
29005-Málaga
España

Nirvana Libros S.A. de C.V.
Av. Centenario, 607
Col. Lomas de Tarango
01620-Del Alvaro Obregón
México D.F.

Ed. Sirio Argentina
C/ Castillo, 540
1414-Buenos Aires
(Argentina)

www.editorialsirio.com
E-Mail: sirio@editorialsirio.com

I.S.B.N.: 84-7808-353-7
Depósito Legal: B-47.497-2002

Impreso en los talleres gráficos de Romanya/Valls
Verdaguer 1, 08786-Capellades (Barcelona)

Printed in Spain

La mitad de nuestros fracasos ocurren por tirar de las riendas del caballo mientras éste salta.

Julius Hare (1795-1855) y Augustus Hare (1792-1834),
clérigos y escritores ingleses.
(*Guesses at Truth*, serie #1, 1827)

Este libro está dedicado a los lectores que han decidido montar el caballo correcto –al leerlo averiguará usted cuál es ese caballo– y que corren, *corren como el viento.*

Capítulo 1

Éste es el relato más insólito –incluso el más absurdo– que jamás ha leído usted en su vida. Aunque no crea algunas de sus partes, o aun muchas de ellas, le pido un favor: controle su incredulidad durante un rato. Prosiga, haga como si fuera niño otra vez y mande su incredulidad a descansar. Si lo consigue, este relato dejará en usted una profunda huella. Hasta es posible que su vida nunca vuelva a ser como antes.

Todo empezó de un modo muy sencillo. Con un bote de aerosol, en una playa de Oregón.

Para caminar, las playas de Oregón son las mejores del mundo. Cuando baja la marea, el agua retrocede hasta cien metros, dejando una arena muy compacta. Si alguien pusiera una red, se podría jugar un partido de tenis. Al caminar cerca de las olas, se encuentran hermosas conchas sobre la dura arena, como monedas marinas. En ocasiones tiene uno la suerte de encontrar un gorro chino, que es una pequeña concha con forma de... gorro chino.

En invierno puede uno caminar varios kilómetros sin ver a nadie. El clima no está mal –generalmente sobre los diez grados– y el paisaje es magnífico, con enormes salientes rocosos, bosques y el estruendoso mar. Si alguna vez quiere usted simplemente caminar y pensar, pensar y caminar, éste es el lugar adecuado.

Aquel día iba yo caminando un poco encorvado, examinando la arena, cuando de pronto vi sobre ella un bote de aerosol. En estas playas no hay mucha basura –parece que el océano la absorbe toda para distribuirla luego en la costa de Nueva Jersey o en lugares así–, por lo que me extrañó un poco ver aquel bote. Y todavía más singulares eran las palabras que tenía impresas. Estaban en japonés.

Sin duda no se trataba de una basura normal. ¡Al parecer había flotado once mil kilómetros, desde Japón!

Cogí el bote. Como dije, el texto estaba impreso en japonés y no entendí ni una palabra. Pero parecía un bote de pintura. Ni siquiera pude identificar el color, por lo que decidí probar para ver si era azul o tal vez algún exótico color fluorescente.

Así que presioné el botoncito.

Pero no sucedió nada.

Volví a oprimir, y nada.

Entonces me pareció notar que algo se movía en su interior. Se sentía como si hubiera una rana dentro del bote, esforzándose por salir. Daba vueltas, chocaba y saltaba. Iba a arrojar el bote a la arena cuando en ese preciso momento surgió de la boquilla una explosión de humo y neblina.

Así fue mi primer encuentro con el genio.

A partir de ese momento, mi vida cambió más de lo usted se puede imaginar. Y ésta es la primera vez que se lo cuento a alguien. Simplemente no quería que me consideraran como a uno de esos chiflados que van por ahí diciendo que los ha secuestrado un OVNI o que han visto al abominable hombre de las nieves.

Los OVNIS pueden tener una explicación. El abominable hombre de las nieves, también. Pero *¿un genio metido en un aerosol?* ¡Qué tontería! Incluso los periódicos sensacionalistas pensarían que es demasiado. Y usted, lector, podría cerrar el libro en este instante. Tal vez se esté diciendo a sí mismo: *Sí, sí, claro, un genio.* Pero siga leyendo, siga leyendo porque lo que yo aprendí puede cambiar *su* vida. Le pido de nuevo que por el momento guarde su incredulidad. Más tarde me lo agradecerá. Tal vez incluso me incluya en su testamento.

Pero este genio no usaba un atuendo tan ligero como Bárbara Eden en la serie *Mi Bella Genio.*

El genio que salió del bote del aerosol era grande. Mediría un metro noventa y pesaría alrededor de 120 kilos. Además era japonés. Por su tamaño, parecía un Brutus japonés. Por su aspecto, diríase primo de Oddjob, el guardaespaldas de la película *Goldfinger*, de James Bond. Pero parecía muy tranquilo, y tenía un aspecto elegante, enfundado en su traje italiano gris, a rayas. Estos japoneses parece que están muy al día en cuanto a la moda.

Cualquiera pensaría que estaba sufriendo una alucinación. Si hubiera tenido tiempo para pensar, yo mismo habría dicho que estaba alucinando. Pero todo sucedió tan rápido que simplemente me quedé mirando al voluminoso genio.

—*Arigato go zai mas* –dijo. Y yo me quedé mirándolo boquiabierto.

Seguramente se dio cuenta de que no había comprendido una sola palabra, por lo que seguidamente me tradujo:

—Muchas gracias.

Entonces empecé a recuperar la compostura. ¿Nunca le ha ocurrido que en una milésima de segundo piensa en millones de cosas? Pues así de desbordada estaba mi mente en aquel instante. Mi cerebro examinó y descartó todo, desde la posibilidad de una alucinación hasta la locura, pasando por una combinación de ambas. Descarté la idea de que la pizza de chorizo de la noche anterior hubiera provocado este arranque de locura, pues nunca antes había tenido tales efectos.

Antes de que, en la milésima de segundo siguiente analizara otras cosas, el enorme genio volvió a hablar.

—Me llamo Darrell –dijo, dándome la mano.

La tomé y se la estreché. Era de carne y hueso. El tipo era de verdad, aunque de algún modo había salido de un bote de aerosol.

—¿Darrell? –me asombré. Evidentemente el nombre no tenía nada de japonés.

Como si leyera mis pensamientos, dijo:

—Mi verdadero nombre es Yoshifumi, pero lo he americanizado para vosotros.

¿Darrell? Tal vez pretendía demostrarme que podía pronunciar las erres y las eles. Sí podía, y a la perfección.

Entonces me tocó presentarme.

—Es un placer –dijo–, es probable que te preguntes por qué he convocado esta reunión –se rió–, siempre me ha hecho ilusión decir esta frase.

—¿Quién eres? –inquirí con brusquedad.

—Exactamente quien sospechaste cuando salí volando de ese bote de aerosol: soy un genio –entonces abrió su traje y pude ver la etiqueta de Armani–, aunque un genio moderno.

Lo más extraño era su notorio acento de Brooklyn.

—Bueno muchacho –dijo–, prosigamos. Te corresponden dos deseos.

—¿Pero no son tres? –argumenté.

—Ah, vosotros los americanos. Siempre queréis *más, más y más*. ¡Más grande! ¡Más alto! ¡Más! Bueno, te voy a decir, muchacho, que siempre han sido dos deseos, y que siempre serán dos deseos. ¿Qué vas a pedir?

Me reí. Todo aquello me parecía una locura. Tal vez la pizza de chorizo produce alucinaciones. Quizás por eso les encanta a los niños. Incluso la piden con más chorizo de lo normal. Está bien, pensé, dado que este tipo parece un genio, voy a seguir con la alucinación hasta que la realidad aparezca de nuevo.

—Mi primer deseo –contesté, mirando hacia arriba como si pensara– ¡es que quiero tener tres deseos!

—Mira, mira, un chico listo, ¿no? –replicó–. Esto no es ninguna broma, muchacho. Tu primer deseo no te va a ser concedido. Y lo pierdes por quererte pasar de listo.

Evidentemente no tenía sentido del humor.

—Estás bromeando, ¿no? –alcancé a decir.

—No. Así son las cosas. Te queda *un deseo*. ¿Lo tomas o lo dejas?

Lanzó al aire el bote de aerosol y lo atrapó de nuevo.

—Vamos a caminar. Tengo ganas de estirar las piernas –dijo mientras se ponía a andar por la playa. Lo alcancé con agitación, esforzándome por mantener su paso.

—Hay algunas cosas que no puedes pedir –dijo de modo casual.

—No sabía que hubiera normas –fue mi respuesta.

—Pues sí, ¿qué te crees que es esto, la lotería? –dijo Darrell.

—Bueno, pues ahora que lo mencionas, sí, algo así pensé.

—Nones, nada de eso. Y éstas son las reglas, muchacho.

Se detuvo y se puso a mirar el mar

—Es hermoso, ¿verdad? ¡Caramba! He pasado mucho tiempo en ese bote.

—¿Y las reglas? –le recordé.

—¡Ah, sí! Bueno, la primera norma es que no puedes pedir dinero.

—¿No? –pregunté asombrado.

—No te decepciones –me consoló Darrell–. Por eso no es como ganar la lotería. Si quieres dinero, dirige una gran empresa. Luego negocia una fusión y después despide a la mayoría del personal. A nuestros amigos de Wall Street les encantará y un tiempo después podrás vender tus acciones y ganarás una fortuna. Pero no te preocupes por el dinero, al menos en lo que respecta a tu deseo. Si tu deseo es correcto, el dinero te llegará con toda naturalidad.

Para él era fácil decirlo. En realidad, no creo que necesitara dinero. Era un genio. Pensaba en algo y lo hacía realidad. Como el traje de Armani que llevaba puesto. No me lo imaginaba entrando en una tienda de Nueva York y pagando doscientos dólares por un traje, cuando lo podía obtener con un simple parpadeo.

A mí, el dinero nunca me había llegado tan fácilmente. Sí, no vivía mal. Pero nunca iba a poder comprar un equipo profesional de baloncesto. Diantre, ni siquiera podía usar las entradas para la temporada de mi equipo aunque ya las tuviera. Cada año tenía que vender más entradas a mis amigos. Llegué al extremo de poner anuncios en los periódicos para poder venderlas. De los cuarenta y un partidos locales, vendía las de treinta y cinco o treinta y seis. Así, sólo podía ver cinco o seis condenados partidos.

Mientras yo seguía pensando que esta regla era muy injusta, el genio dijo: *Hay una segunda regla.*

Lo miré con los ojos muy abiertos.

—¡Nada de mujeres!

—¿Nada de mujeres? ¿Qué quieres decir?

—Bueno, algunos tipos piden que una estrella de cine se enamore de ellos –dijo Darrell–. Ya sabes, una estrella hermosa, rica y famosa, y que se convierta en su esclava. Las mujeres no son parte de este trato. Eso tienes que conseguirlo tú mismo. Yo soy un genio empresarial. Soy un especialista.

Magnífico, simplemente magnífico. Encontraba un genio y no podía concederme dinero ni mujeres.

Bueno, la parte de las mujeres no era tan grave, después de todo, estoy casado. Aunque últimamente hemos tenido algunas diferencias. Por eso me escapé del trabajo y me vine a esta solitaria playa de Oregón. Mientras caminaba, iba reflexionando y me preguntaba por qué mi vida y mi matrimonio iban lentamente cuesta abajo. Tuve que reconocer que, mientras Darrell explicaba la segunda regla básica, otra sucesión de ideas apareció durante una milésima de segundo: ideas forjadas sobre la fantasía de desear que una estrella de cine rica y famosa se enamorara de mí. Durante una milésima de segundo me pareció algo muy atractivo y emocionante.

—¿Hay por aquí algún lugar donde podamos comer algo? –preguntó Darrell.

Le contesté que había un sitio a unos ochocientos metros de la playa.

—Vamos, me muero de hambre –dijo apurando el paso. Sus pisadas eran tan ligeras como el caer de la nieve.

—Ah, por cierto, tienes una semana para decidir tu deseo –dijo.

Capítulo 2

En el año 1804, Lewis y Clark se propusieron encontrar una conexión fluvial entre el río Missouri y el océano Pacífico. Algo como el río Mississippi, pero fluyendo de Este a Oeste.

Recorrieron planicies que no tenían ni una sola autopista, pese a ello, de algún modo consiguieron abrirse paso a través de montañas que intimidarían a cualquier esquiador de la actualidad.

Vadearon ríos en los que salmones tan grandes como perros nadaban contra corriente.

Combatieron con indios que no sabían que estaban protegiendo sus tierras para en un futuro construir casinos.

Por último, después de veintiocho meses de estos afanes, terminaron frente al océano Pacífico. Y aunque nunca se consignó en los libros de historia, fueron ellos quienes descubrieron la Taberna de Bill.

—¿Qué es eso? –le preguntó Lewis a Clark, señalando hacia la playa.

—Debe de ser un espejismo –replicó Clark, entrecerrando los ojos–. Sí, debe de serlo, porque parece una taberna.

Tenían frente a ellos una construcción hecha con tablas, en la que un letrero pintado decía: *Taberna de Bill, Cerveza Fresca.*

Sé que exagero un poco, pero la Taberna de Bill parece que ha estado ahí desde siempre. Si Lewis y Clark hubieran paseado por la playa y hubieran entrado en su espejismo, lo habrían encontrado repleto de leñadores desempleados. Allí fue adonde conduje a Darrell.

Los desempleados se hallaban sentados en la barra. Los cuatro reservados de madera estaban vacíos. Atravesamos el gastado suelo de madera para llegar al del rincón. Si uno examinara con atención el suelo, probablemente descubriría antiguas manchas de sangre procedentes de mucho tiempo atrás, de cuando una buena pelea era el mejor pasatiempo para la noche del viernes. Por supuesto, eso fue antes de que llegara la televisión por cable con sus canales deportivos.

El menú de la taberna era bastante limitado. Sopa de almejas, hamburguesas con queso y patatas fritas, sandwich de jamón y carne con chile, lo tomas o lo dejas. Y, claro, cerveza de barril.

Las hamburguesas son las mejores del mundo. Ni siquiera se acuerda uno de que su contenido en grasas es del setenta por ciento. ¡Lo importante es el sabor! Y una vez puestos, mejor si le añades un par de trozos de tocino.

Los parroquianos se fijaron en Darrell. Pocas veces veían por allí a un japonés de un metro noventa y ciento veinte kilos de peso, vestido como un modelo italiano. Estaban tan concentrados en Darrell que creo que ni me vieron.

Un tipo desgarbado con cola de caballo se acercó a nuestra mesa. Era un leñador desempleado, que ahora hacía de camarero y cocinero.

—¿Qué vais a tomar, amigos? –preguntó.

Darrell no tuvo que pensarlo.

—Un tazón de sopa de almejas, una ración de carne con chile, cuatro hamburguesas con queso y dos vasos de cerveza –dijo.

El camarero-cocinero asintió y dio la vuelta para alejarse.

—Espere –dijo Darrell–. ¿Y mi amigo?

—Pensé que lo pedido era para los dos.

La respuesta de Darrell fue un simple gesto de negación.

El camarero me miró y yo dije:

—Para mí una hamburguesa y una cerveza.

Cuando llegaron las bebidas, Darrell levantó su vaso para brindar conmigo. Yo levanté el mío:

—Por un deseo –brindó Darrell. Yo asentí.

—Bueno, muchacho, ¿qué haces por la vida? –me interrogó Darrell.

—¿Por qué hablas así? –inquirí, cambiando de tema.

—¿Cómo?

—Tú ya sabes. Como si fueras de Brooklyn. Muchacho esto, muchacho aquello. Sé que no eres de allí.

Darrell se rió.

—Me gusta como suena. Hablo 118 idiomas, pero prefiero el brooklinés.

—Eso no es un idioma, Darrell, es un acento.

—Está bien, como quieras, muchacho. Bueno, ¿a qué te dedicas?

—Inmobiliaria –fue mi respuesta.

—¿Inversiones? ¿Locales comerciales? ¿Casas? ¿Qué?

—Soy vendedor inmobiliario: de casas, concretamente –manifesté.

—¿Te gusta eso? –quiso saber Darrell.

Me encogí de hombros.

—Gano para vivir.

La espuma de la cerveza de Darrell se estaba asentando y él tomó un largo trago.

—Probablemente no te va muy bien –dijo con algo de espuma en los labios.

—Gano para vivir –dije otra vez.

—Mira, en cualquier actividad hay tres caminos que llevan a la cima –explicó–. Esto se aplica en todo el mundo. Siempre ha sido así y siempre lo será.

Bebí un largo trago de cerveza. ¡Nada menos que mi genio pontificando sobre la vida! ¿Qué sabía él de la vida? Si vivía en un bote de pintura.

—¿Vive todavía tu padre? –quiso saber.

Asentí.

—¿Es rico? ¿Tiene negocio propio? ¿Es un negocio grande?

—La respuesta a todas tus preguntas es no –contesté. Bebí un poco más de cerveza. Por el modo en que estaba bebiendo, debí haber pedido dos, igual que Darrell.

—¡Lástima! Ése es el primer camino hacia la cima: heredar. Y es el mejor –dijo Darrell–. Sé que algunos dirán que quien hereda una fortuna pierde la *oportunidad* de ganar él mismo el dinero y de hacer cosas. Es cierto, pero si hubieras heredado una fortuna, no estarías andando solo por la playa. Tendrías una enorme mansión frente al mar y recorrerías la playa con tu amante. ¿No estaría tan mal, no crees? Pero no parece que ésa sea tu ruta hacia la cima. ¿Tu esposa es rica?

—No.

—¡Qué contrariedad! Ése es el segundo método para hacer fortuna: casarse con una fortuna.

Darrell terminó su primera cerveza y comenzó con la segunda. Suspiró. Se puso a trastear en los bolsillos de su traje, como buscando algo. Por fin, sacó un cigarrillo. Se quedó mirando hacia la barra. Como todos los desempleados fumaban, parecía que estuvieran quemando hojas. Darrell sintió que aquello le daba derecho a encender el suyo. Aspiró y exhaló, luego aspiró otro poco, concentrado en su cigarrillo.

—Pues sí, Darrell, en los dos casos he fallado. No la he heredado y no me he casado para conseguirla –dije, con lo que dejó de concentrarse en el cigarrillo–. ¿Cuál es el tercer camino hacia la cima?

—¿Tienes un maestro? ¿Alguien a quien respetes y que te sirva de guía?

Negué enfáticamente.

—Bueno, eso no es tan grave. En lo que a mí respecta, a los maestros se les da más importancia de la que tienen. Claro, te brindan consejos, te dicen algunas cosas y te evitan algunos contratiempos, pero la mayor parte del trabajo tienes que hacerla tú siempre.

El camarero de la cola de caballo trajo los tazones con sopa de almejas y carne con chile, y los puso frente a Darrell, que siguió chupando su cigarrillo entre cucharadas de sopa y trozos de carne.

—¿Tu jefe es buena persona? –preguntó.

—Es un idiota –dije, observando el humo que salía de la boca de Darrell mientras apuraba su sopa–. Un auténtico idiota.

—Está bien. No hay problema –sentenció Darrell–. Sería mejor si hubieras aprendido muchas cosas de él, si fuera una inspiración para ti, si lo respetaras y te agradara. Pero está bien así.

—¿Qué tiene eso de bueno? –gruñí.

—Es el tercer camino hacia la cima: subirse al caballo correcto. El caballo *podría* ser un maestro poderoso. *Podría* ser un jefe motivador. Pero si no hay otra cosa, el caballo correcto debes ser *tú*. *Súbete al caballo correcto*. Cabálgate *a ti mismo*.

Sí, claro, muy fácil, pensé, subirse al caballo correcto. ¡Cabalgarse a sí mismo! Tal como estaban las cosas, me iba a cabalgar a mí mismo hasta perderme en el olvido.

Capítulo 3

¿Ha visto usted alguna vez a alguien comerse de una sentada cuatro grasientas –aunque deliciosas– hamburguesas con queso? Yo tampoco, hasta que conocí a Darrell. Curiosamente, no se comía primero una y luego otra –no es que tratara de comerse las cuatro al mismo tiempo–, sino que mordía una y exclamaba: *Ummm*. Luego mordía otra: *Ummmm, ¡qué buena!* Luego mordía la tercera y después, la cuarta. Era como si estuviera alternando carne, langosta y verduras, pero en lugar de eso alternaba hamburguesa con queso, hamburguesa con queso, hamburguesa con queso y hamburguesa con queso. Decididamente era un tipo raro, aunque mejor sería decir un *genio* raro.

Y así siguió, pero los segundos mordiscos que dio a las hamburguesas siguieron un orden distinto a los primeros: comenzó con la hamburguesa número 3, siguió con la número 1 y continuó dando mordiscos al azar, hasta que se terminaron todas las hamburguesas. El último mordisco que dio fue a la primera hamburguesa. Tal vez estaba guardando lo más rico para el final, ¿quién sabe? Darrell no decía ni una palabra, a excepción de un ocasional *Ummmmmmm*.

En la taberna, los leñadores desempleados parecían impresionados con Darrell. No por su singular estilo de comer (en realidad, no creo que ellos fueran tampoco ningunos gourmets), sino más bien por las cantidades que comía. Probablemente pensaron que era luchador de sumo.

Todavía con el último bocado en la boca, me dijo:

—Estaré contigo toda la semana.

—¿A qué te refieres?

—Bueno, tienes una decisión importante que tomar –dijo, mientras se frotaba la boca con una servilleta–. Podrías necesitar un consejo de alguien que tiene experiencia en este tipo de cosas. Y ése soy yo, muchacho. Nadie es más experto en deseos que yo. Así que, adonde tú vayas, iré yo.

Quizás notó que yo lo estaba meditando.

—No te preocupes –dijo–, no me interpondré en tu camino, nadie notará mi presencia a menos que tú lo desees. Mira, déjame hacerte una pequeña demostración.

El camarero de la cola de caballo se acercó a la mesa para recoger los platos.

—¿Algo más? –preguntó.

—Una taza de café –dije.

—¿Y para su amigo? –siguió.

Miré a Darrell. Estaba precisamente allí, sentado, sonriendo como un enorme gato Cheshire japonés.

—Pregúntele a él –dije–, hablan el mismo idioma.

—¿Adónde fue? –dijo el camarero.

—Ahí está –dije, señalando a Darrell.

El camarero me miró como si yo estuviera alucinando. Como si con las hamburguesas hubiera ingerido alguna extraña droga. Darrell seguía sonriéndome.

—Voy a traer su café –dijo finalmente el camarero de la cola de caballo, y se fue hacia la barra.

—¿Ves? –dijo Darrell.

—¿Ver qué? –pregunté.

—Así es la cosa. El camarero no pudo verme. Por cierto, ahora piensa que estás medio loco.

—¿Puedes hacerte *invisible*? –pregunté.

Darrell afirmó con la cabeza, sonriendo.

—Entre otras cosas sorprendentes. Puedo aparecer y desaparecer tan fácilmente como quiera. Sería un espectáculo increíble en Las Vegas.

—O un increíble ladrón de bancos.

—Es un pequeño truco que aprendí de Einstein. La desaparición –dijo Darrell.

—¿De *Albert* Einstein?

—¿De quién si no? ¿De *Ralph* Einstein? –dijo–. ¡Claro!, el viejo Albert se hizo famoso por descubrir la teoría de la relatividad. Pero éste no fue su mayor descubrimiento. Lo más increíble fue su descubrimiento de los *mundos paralelos*, aunque murió antes de que pudiera comprobarlo según la física.

—¿Mundos paralelos?

—Sí, ya sabes, es como los *viajes en el tiempo* –dijo Darrell–. Pero no se necesita ninguna máquina ni nada por el estilo, como dice el libro de H. G. Wells, *La máquina del tiempo*. Eso es lo que descubrió Einstein. Él pensaba que los seres humanos medían el tiempo equivocadamente.

—¿Cómo es eso?

—Los humanos miden el tiempo en segundos, minutos, horas, días y así sucesivamente –dijo–, pero Einstein medía el tiempo de diferente manera y así fue como descubrió los viajes en el tiempo. Él me enseñó. Eso es lo que he hecho cuando el camarero se acercó a la mesa. No desaparecí ni me convertí en aire, sólo me transporté hacia el futuro, unos cinco minutos. Realmente es fácil hacerlo. Einstein se dio cuenta de eso. Con su pequeño truco, puedes viajar al futuro o ir al pasado tan fácilmente como estar sentado aquí, tomando una cerveza.

Darrell miró su reloj, un Rolex, por supuesto; señaló las manecillas y dijo:

—Ésta es la hora que tú entiendes, ¿ves la manecilla pequeña?, ¿ves la grande? Es hora de volver a Portland, ¿no crees?

El viaje dura hora y media, por lo que mucha gente va y viene en el mismo día. Y yo era uno de esos viajeros. Por la mañana había ido a la oficina a la hora de siempre, sobre las nueve y media más o menos, y pronto me di cuenta de que sencillamente no podría soportar otro día de aburrimiento, ni tampoco al tonto de mi jefe. Por suerte, en una empresa inmobiliaria se tiene cierta flexibilidad. Uno puede pasarse todo el día fuera, investigando lugares para incluir en las listas de venta, verificando un terreno realmente valioso, tal vez adecuado para un campo de golf, o paseando por una arenosa playa. Todo depende de la interpretación que se le dé. Y ese miércoles, allí estaba yo, caminando por una playa solitaria y hablando con un genio.

Salimos de la Taberna de Bill. Quién sabe las cosas que se habrán imaginado los leñadores desempleados sobre el japonés gigante que comía hamburguesas con queso como si fueran patatas fritas.

Tuvimos que caminar hacia la playa y volver al aparcamiento público donde había dejado mi coche.

—Yo conduzco –dijo Darrell, extendiendo su mano para que le diera las llaves de mi Ford Taurus. En aquel momento no me pareció descabellado; después de todo, ¿por qué no dejar que condujera el genio? Pero la verdad es que nunca en mi vida he hecho un viaje tan extraño y tan raro como aquel, con Darrell al volante. Creo que incluso una estatua habría gesticulado.

Capítulo 4

Si usted fuese de Nueva York y condujera durante el día por esta carretera, desde el mar hacia Portland, sin duda pensaría que está ante uno de los paisajes más bellos que ha visto en su vida.

Pasaría entre montañas con árboles tan espesos y frondosos que no se vislumbra ningún peñasco. Atravesaría ríos caudalosos con bellos remansos, ideales para quienes gustan de la pesca. Al lado de la carretera hay varios lugares para comer y tomar café. Algunas veces me detengo un rato en uno de ellos a fin de retrasar un poco mi regreso a Portland, donde me suelen esperar cosas que no me interesan. En esas ocasiones leo el periódico que llevo escondido en mi portafolios y bebo suficiente café para revivir un cadáver.

Sin embargo, por la noche es otra cosa. El paisaje es borroso, como si uno circulara por un oscuro túnel. Las montañas y los remansos de los ríos quedan ocultos en la oscuridad. Sólo se ve la línea de la carretera y, a veces, las luces de los faros de otros automóviles. Con Darrell al volante, mi mente se quedó como en trance, en ese estado en el que uno no piensa ni percibe nada, pero sigue vivo. Me hallaba completamente abstraído cuando, de repente, se salió de la carretera y detuvo el coche.

—Necesito un postre y un café –dijo, mientras aparcaba el Taurus frente a un restaurante.

En las muchas veces que he hecho este recorrido, me he detenido a tomar café en todos los restaurantes que hay junto a la carretera, sin embargo era la primera vez que veía éste ante el que nos habíamos parado. Tal vez Darrell dio una vuelta equivocada en algún lugar.

—¿Dónde estamos? –pregunté.

—En la carretera de vuelta a Portland –dijo él. Luego entró en el restaurante y yo lo seguí.

El lugar estaba lleno de gente. Debo decir que cuando uno se detiene en alguno de estos restaurantes de vuelta a Portland, si en todo el establecimiento hay tres o cuatro personas, ya es mucho, incluyendo a los camareros. Sin embargo, en éste, todas las mesas estaban llenas, tan sólo había dos asientos vacíos en la barra, que ocupamos nosotros.

Se nos acercó un fornido camarero. Llevaba una camiseta blanca, unos pantalones de color caqui y un gorro blanco de papel. El gorro y la camiseta tenían impreso un letrero en el que podía leerse *Mack's.* Todas las partes de su cuerpo, que dejaban ver el gorro y la camiseta, estaban cubiertas de espeso vello.

—¡Darrell! ¡Cuánto tiempo sin verte! –exclamó el tipo fornido, dándole la mano.

Darrell se la estrechó, luego me presentó a mí y yo hice lo propio.

—Es que he estado de viaje, Mack –dijo Darrell.

¿De viaje?, pensé, ¿así le llamas a once mil kilómetros metido en un aerosol de pintura?

—Pues tengo el postre perfecto para ti –dijo Mack–, es algo en lo que he estado trabajando, y también estoy a punto de perfeccionar mi café.

—Mack siempre está tratando de mejorar –me dijo Darrell–, hace la mejor tarta del mundo, pero te aseguro que va a hacerla mejor todavía. También hace el mejor café y estoy seguro de que también lo mejorará.

—Así que el negocio va bien –dijo Darrell, mirando alrededor.

—Siempre lleno, ¡es grandioso! –dijo Mack con una sonrisa de oreja a oreja.

—Me imagino que trabajas todo el día –le comentó Darrell.

—Puedes jurarlo. Pero es divertido, cada día tengo más energía que el anterior. Es como si mi trabajo *me alimentara de energía* desde que me hablaste de la *ETE*–dijo Mack–, ¿tarta y café para los dos?

Darrell afirmó con la cabeza y Mack corrió a la cocina.

—¿Él... es... uno de vosotros? –pregunté.

Darrell afirmó con la cabeza.

—¿Qué significa eso que tú le enseñaste a él acerca de *ti*? No lo he entendido.

—ETE–me corrigió Darrell y deletreó–: E-T-E.

—¿ETE? –pregunté.

—ETE.

—¿Como extra terrestre?

—No, y tampoco es el idioma que hablan los habitantes de Ghana.

—¿Qué es eso?

—*Ete* es el idioma que hablan en Ghana –dijo Darrell, y volvió a deletrear–: E-T-E. ETE. También hablo ese idioma. ¿Quieres oírlo?

Negué con la cabeza.

—Volvamos a lo que dijo Mack: *me enseñaste la ETE*. ¿Qué es E-T-E?

Mack puso frente a nosotros dos tazas de humeante café. El aroma me penetró hasta el fondo de la nariz.

—¡Qué bárbaro! –dije–, es delicioso simplemente con olerlo.

Mack sonrió. Tomé un trago, el sabor era mucho mejor que el aroma.

—¿Cómo es posible que un café pueda ser *tan* bueno? –pregunté.

—*Esia ye nye caff nyuitor le xexame* –dijo Darrell.

—¿Cómo? –pregunté.

—Quiere decir en *ete*: es el mejor café del mundo.

—Entonces, Darrell, hablemos de E-T-E.

Darrell tomó un trago de su café.

—Hablemos de la ética del trabajo.

—¿Ética del trabajo? ¿Qué tiene que ver eso con E-T-E?

—La T de E-T-E es de Trabajo. La primera E es de Ética. Ética del trabajo –dijo Darrell.

Mack nos trajo dos porciones de tarta de limón con merengue.

—¿Conoces la famosa tarta de lima de Key West? –preguntó Mack–, bueno, pues esa cosa sabe a vainilla comparada con mi tarta de limón y merengue. Pruébala. Los limones son especiales, de Israel. Los envían por avión inmediatamente después de cosecharlos.

Seguidamente, Darrell y yo probamos la tarta. ¡Increíble! Si usted quiere probar una tarta de verdadero limón, ésta es la indicada. Se siente el sabor en la boca e inevitablemente uno quiere succionarlo hasta lo más recóndito. Era el complemento perfecto para aquel café tan exquisito.

—Yo antes pensaba que la *ética del trabajo* lo era todo –dijo Darrell–, ya sabes, mientras más duro trabajes, más éxito tendrás. Incluso pensaba que la ética del trabajo era una especie de *determinismo casual.*

—¿Determinismo casual? –pregunté.

—Sí, una especie de accidente –dijo Darrell–. Así como hay algunas personas que nacieron para lanzar una pelota de béisbol a doscientos kilómetros por hora. Tú, yo, Mack y toda la gente que está en este restaurante, no podemos lanzar así. Debes haber nacido con la estructura muscular y ósea adecuada. Tienes que haber nacido para eso; no es algo que se pueda desarrollar. Y la mejor manera de explicarlo es con el término *casual*.

Comí otro pedazo de tarta. Otra vez ¡increíble!

—Si se heredara de generación en generación –continuó Darrell–, ¿por qué los *hijos* de los grandes lanzadores de la historia del béisbol no pueden lanzar la pelota con esa velocidad? ¿Dónde está el hijo de Nolan Ryan? No lo sé, pero desde luego no está lanzando en las Grandes Ligas.

Reflexioné sobre ello. Pensé en los grandes jugadores de baloncesto: Michael Jordan, Larry Bird, Magic Johnson. Sus padres no fueron jugadores profesionales. Jordan, Bird y Magic proceden de pueblos pequeños, no de grandes ciudades donde se supone que juegan los grandes profesionales. *Determinismo casual.*

—Y lo mismo pensaba con respecto a la ética del trabajo –siguió Darrell, tomando un enorme pedazo de tarta con el tenedor–. Era como haber nacido con un excelente brazo para lanzar. Si no tienes ya un buen brazo, es imposible desarrollarlo. Puedes ser bastante bueno en equipos pequeños o incluso medianos, pero para triunfar en grande, tienes que haber nacido con un brazo magnífico. Lo mismo pasa con la ética del trabajo. Si no la tienes, no puedes adquirirla. Claro que podrías desarrollar una ética del trabajo *aceptable*, pero para lograr una ética del trabajo excelente, tienes que haber nacido con ella. *Determinismo casual*.

—Pero ¿para qué quieres una ética del trabajo excelente? –pregunté–. Preferiría tener un brazo extraordinario. De hecho, sería mejor que tener un genio que concede deseos. Con un brazo así, tendría dinero y artistas de cine.

Darrell me miró de reojo.

—¿Quieres hacerte el gracioso otra vez? Debes saber que puedo quitarte ese deseo, muchacho, y entonces no te quedará ya ninguno.

—Oye Darrell, sentido del humor, *sentido del humor*. Ya sabes, los norteamericanos lo tienen, relájate, muchacho.

Darrell me miró como tratando de averiguar si hablaba en serio o me estaba burlando de él.

—¿Es gracioso? –preguntó.

—Sí, es gracioso –dije, aunque no sabía exactamente a qué se refería. Sin embargo, parece que en ese momento Darrell pensó que –fuera lo que fuese– sí era gracioso y soltó una estruendosa carcajada.

—Pues sí, he visto ética del trabajo magnífica en todas las partes del mundo –dijo Darrell–. Mis compatriotas tienen una gran ética del trabajo. Trabajan doce horas diarias con gran devoción a la compañía. Es un *país* con una excelente ética del trabajo. En gran medida se ven forzados a hacerlo, sin embargo, dan un magnífico ejemplo de trabajo. Es como el tipo que no posee un brazo excelente, pero se esfuerza en equipos pequeños y finalmente llega a la cima.

—Mack era así –dijo Darrell, señalando con su tenedor al fornido sujeto que ahora atendía a alguien al final de la barra–. Trabajaba mucho; horas y horas, pero ¿qué consiguió?

—Parece que un negocio muy bueno –dije.

—No, muchacho –dijo Darrell–, no estoy hablando de ahora. Me refiero a ese entonces. Mack trabajó mucho, mucho, y sólo consiguió hacerse un poco más viejo y tener más deudas. No, la ética del trabajo no es tan importante. He visto gente que por determinismo casual tenía una ética del trabajo excelente –en verdad excelente–, pero ello no fue suficiente. Por supuesto, tenían más éxito del que habrían tenido sin ella, pero nada extraordinario.

Antes de que pudiera pedirle a Darrell que me dijera qué significaba la segunda E de E-T-E, se levantó y se alisó el traje.

—Te voy a enseñar algo –dijo.

Yo todavía no había terminado mi tarta de limón con merengue.

—Vamos –dijo, mientras sorteaba las mesas hacia la pared del otro lado del salón. Un espejo la cubría desde el suelo hasta el techo, por lo que el local parecía mucho más grande de lo que en realidad era.

¿Adónde va?, pensé. Por allí no había salida alguna y los servicios estaban en el otro lado. Seguramente iba a ver a alguien, por lo que volví a mi tarta de limón, estaba a punto de comer el último trozo cuando me giré y vi a Darrell atravesar el espejo. Así es, *atravesó el espejo y desapareció.*

Miré en torno mío. Parecía que nadie se había dado cuenta. Estaban todos ocupados, comiendo, bebiendo café, hablando y riendo.

Me fui hacia el espejo, me detuve a treinta centímetros de distancia y miré fijamente el cristal para descubrir si podía ver a través de él. No pude, sólo me vi a mí mismo mirando el espejo. Estiré el brazo y lo toqué, no pude atravesarlo, sólo sentí el cristal.

Entonces el brazo de Darrell salió del espejo, me tomó de la muñeca y me metió de un tirón. Supongo que usted nunca ha atravesado un espejo, así que se preguntará qué se siente. Pues nada demasiado especial. Fue simplemente como cuando a uno lo hacen pasar de una habitación a otra con un empujón.

Nos hallábamos en un salón exactamente igual al que ocupábamos antes, pero parecía diferente. En lugar de un comedor lleno de gente hambrienta y ruidosa, sólo había dos viejos sentados en la barra.

Darrell tiró de mi hacia una de las mesas.

—¿Recuerdas lo que te conté acerca de Einstein? –me preguntó.

—Mundos paralelos –afirmé.

—Exacto. Tal vez tienes esperanza, muchacho.

Mack salió de atrás de la barra. Parecía igual pero había algo diferente en él. No es que se hubiera afeitado sus musculosos y peludos brazos ni mucho menos, simplemente no *parecía* igual. Parecía cansado, como agobiado.

—¿Qué les puedo ofrecer? –preguntó. Miré al genio. Mack no reconoció a Darrell, sin embargo es el tipo de persona que una vez que la conoces, jamás la olvidas. *Mundos paralelos*. Estaba empezando a comprender.

—Café y un trozo de tarta –contestó Darrell.

—Para mí sólo café–añadí.

Mack se alejó hacia la barra.

—No te ha reconocido –le dije a Darrell–. ¿En qué mundo paralelo nos encontramos?

—Hace dos años –contestó él–, ¿notas alguna diferencia en Mack?

—Sí. Allá –comenté, señalando el otro mundo detrás del espejo– parece tener mucha más *pasión*, mucha más *alegría* mientras dirige el restaurante. Aquí, parece como si estuviera enfermo de gripe. Ya sabes, como si su único deseo fuera quedarse en cama.

—Ésa no es toda la diferencia –agregó Darrell–. Espera a probar el café y la tarta.

Como si hubiera sido una señal, Mack trajo el café y un platito sobre el que reposaba un trozo de una cosa parduzca. Nos dejó la cuenta y volvió a la barra.

—Probablemente te preguntas qué es –dijo Darrell, señalando la cosa del plato. Es manzana. Tarta de manzana.

—¿Te la vas a comer? –me horroricé. Parecía como si Mack hubiera puesto excremento de perro con nata batida y después lo hubiera servido en un plato como una especie de broma pesada.

—Negativo –comentó Darrell–. Dios sabe que puedo devorar una tarta completa, y hasta dos o tres, pero esto no.

Darrell deslizó el pedazo de tarta hasta la esquina más lejana de la mesa, lo más alejado de nuestra vista.

—Mack trabaja ahora más tiempo que en el otro lado del espejo –dijo Darrell–. No es que allá tenga mucho tiempo libre, pero en este lado prácticamente vive aquí. Se está desperdiciando una magnífica ética del trabajo. Eso no es E-T-E.

Ello hizo que le preguntara el significado de la segunda E de E-T-E.

—*Eficaz* –explicó Darrell–, esto es, Ética del Trabajo Eficaz. La E-T-E no significa una montaña de horas. Si trabajas muchas horas y no eres eficaz durante todo ese tiempo, simplemente verás que tu carrera no te lleva a ninguna parte. Y un día esa carrera se terminará y tu dirás: *¿Eso es todo? Eso es todo, amigos*. A continuación te ves jubilado, sin hacer nada, tal vez el suceso más significativo del día sea caminar hasta el buzón para recoger tu correspondencia, y finalmente, te mueres. Es mejor que te lo muestre en lugar de contártelo. En lo que respecta a la E-T-E, Mack es todo un caso. Es probable que te preguntes: *¿Qué le ocurrió a Mack?, ¿cómo cambió?*

Asentí.

—Por un bote de nata batida –explicó.

—¿Qué?

—Un día, alguien pidió un trozo de tarta de manzana (algún incauto, sin duda) y Mack sacó un bote nuevo de nata batida. Lo agitó, presionó la boquilla y *¡voilà!,* tu humilde servidor apareció en esta desalentadora cocina.

—¿Un bote de nata batida?

—El vehículo no importa –dijo Darrell–. Después de todo, en estos días ya no encuentras muchas lámparas como la de Aladino. Uno debe tomar lo que pueda, para circular.

Se me ocurrió preguntarle cómo pasaba de un vehículo a otro, pero saltó del asiento y dijo:

—Vámonos, aquí ya has visto suficiente. Tengo que mostrarte otra cosa.

Arrojó un billete de cinco dólares sobre la mesa y se fue hacia el espejo (¿adónde si no?) como alguien que tiene una misión importante que cumplir. Me levanté con rapidez, le eché un vistazo a la tarta de manzana que se quedaba en la esquina de la mesa, parpadeé y, de un modo casual, como si lo hubiera estado haciendo toda mi vida, atravesé el espejo.

Cuando iba por la mitad del camino, pasando de un restaurante al otro, oí que alguien exclamaba:

—*¡Hola, Darrell! ¡Me alegro de verte, amigo!*

Era Mack. Seguramente ya se había acostumbrado a que Darrell atravesara el espejo. El restaurante estaba medio lleno. Seguí a Darrell hasta dos asientos libres en la barra.

Cuando llegué a la barra, Mack ya nos había servido dos tazas de café.

—¿Quién es tu amigo? –preguntó Mack.

Darrell volvió a presentarnos y nos dimos la mano otra vez.

—Prueba el café –dijo Mack.

Me agradaría decir que Mack resplandecía, pero suena un poco burlón. Sin embargo, estaba verdaderamente *resplandeciente*, casi como si nos estuviera presentando a su nieto.

—Está muy bueno, Mack –opinó Darrell después de probarlo–. Muy bueno, ¿cómo lo hiciste? Tu otro café era bastante desagradable, ¿sabes?

—Bueno, no fue fácil, pero fue fácil, ¿me explico?

No estaba seguro de haber comprendido.

—¿Qué hiciste primero? –intervino Darrell.

—Bueno, cuando te... cuando te fuiste... después que nos conocimos, me quedé en la cocina una vez cerrado el negocio. Sentado simplemente –dijo–, sólo mirando. Y me disgustó lo que vi. Durante muchos años esa cocina se había ido poniendo cada vez más sucia y grasienta. Al día siguiente alquilé una de esas máquinas que limpian con vapor y trabajé durante toda la noche, limpiando la cocina. Quedó como nueva. Con sólo quitar toda la grasa y la suciedad conseguí que mi café tuviera un sabor un poco mejor.

Me fijé por la ventana de servicio que daba a la cocina. Desde donde yo estaba, la cocina *todavía* parecía como nueva.

Tomé otro sorbo de café. No estaba tan bueno como el que Darrell y yo habíamos tomado en el «primer» restaurante. El aroma no despertaba las fosas nasales de aquel modo tan especial, pero era un café muy bueno.

—La segunda tarea fue pensar cómo obtener café traído directamente de Java, en Indonesia –prosiguió Mack.

—¿Por qué de Indonesia? –pregunté.

—Allí cosechan el mejor café del mundo –respondió Mack–. Pero no lo consigues en los proveedores normales. Encontré un proveedor que tenía un poco, después compré otro poco de café de Kona y luego algo más de Brasil.

Se volvió hacia Darrell y dijo:

—He estado trabajando con diferentes combinaciones desde la última vez que hablamos. Creo que estoy a punto de conseguir la mejor taza de café del mundo.

Darrell asintió.

—Estás cerca.

—Pero lo mejoraré –exclamó Mack–. He hallado un modo de obtener granos de café *frescos*, es decir, *frescos* de verdad. En Internet encontré un cultivador de café de Java, Indonesia, que me va a enviar por mensajería una muestra de sus granos de café el mismo día en que estén listos. Mañana me llega el primer envío. Estoy loco de ilusión por que llegue; me siento como un niño en espera de la Navidad.

—Debe de ser costoso –comenté.

—Claro que sí –dijo Mack–. Pero ¿sabes?, hay «cafeterías» que cobran tres dólares por una taza de café. Yo voy a cobrar mucho menos que eso, tendré un beneficio decente y el cliente recibirá la mejor taza de café del mundo.

Mack vio que un cliente le pedía más café con señas.

—Disculpadme un momento –dijo Mack, tomando la cafetera y encaminándose hacia el cliente.

—¿Me dejas ver tu reloj? –le pregunté a Darrell.

El genio miró su Rolex.

—Las nueve y treinta y siete –contestó.

—No, no quiero ver la hora, quiero ver *la fecha*... es decir, en los mundos paralelos de Einstein, ¿en qué mundo estamos?

—*Ah, ya*. Unos dos meses después de aquello –aclaró Darrell, señalando el espejo que acabábamos de cruzar–. Y unos dos años antes... antes del «primer» restaurante.

Asentí. Aunque alguien nos hubiera escuchado, no había modo de que comprendiera de qué estábamos hablando. Ni yo mismo estaba seguro de todo este asunto, pero intentaba sobrellevarlo de la mejor manera.

Mack volvió junto a nosotros.

—Estoy trabajando en una tarta de limón con merengue –nos confió–, todavía no está lista para que la probéis, pero he avanzado mucho. Quiero que sea más famosa que la tarta de lima de Key West. El secreto está en los limones, ¿sabéis? Estoy probando un limón diferente, de Israel. Me lo envían directamente de allá.

Mack miró a otro cliente y corrió como un sabueso a atenderlo.

—¿Captas la diferencia? –me preguntó Darrell–. La única constante en los tres restaurantes Mack's que hemos visitado mediante los mundos paralelos es la *ética del trabajo.* Mack se ha esforzado en los tres, no es ningún holgazán. Pero en el «presente» y en éste ha usado E-T-E. Ética del Trabajo *Eficaz.* ¿Ves la diferencia?

—Claro. Es como quien entra en una habitación a oscuras y enciende la luz. ¿Pero a qué se debe? No creo que sea simplemente el café y la tarta de limón.

Darrell se rió.

—Ya lo verás. Por ahora, vámonos. Nos vamos, Mack –gritó, dejando caer algunos billetes en el mostrador. Dio la vuelta y caminó hacia la puerta, conmigo pisándole los talones.

—Un nuevo truco –dijo–. Presta atención.

Al traspasar la puerta, nos hundimos en la noche. Allí estaba mi coche. Lo abordamos y volvimos a la oscura carretera, dejando aquel misterioso restaurante. Como antes, Darrell era quien conducía.

—No sé cuál fue su deseo –comenté– o sus *dos* deseos (tal vez a él no lo dejaste con un solo deseo), pero es un tipo animoso. Es curioso, no relaciono la *alegría* con el hecho de trabajar en un restaurante, pero él sí lo hace.

—Tienes mucha razón –expresó Darrell.

Después de permanecer callados unos minutos y de reflexionar acerca de lo que había visto, rompí el silencio.

—Apuesto a que sé cuáles fueron sus deseos.

—¿Estás seguro? ¿Quieres apostar? –inquirió Darrell–. ¿Quieres apostarte el deseo que te queda?

Ya había perdido la mitad de mis deseos, por lo que pensé que era mejor no arriesgar la otra mitad. Supuse que un deseo en mano era mejor que ciento volando, así que decliné. Darrell se rió.

—Habrías perdido.

—Café y tarta de limón con merengue –exclamé–. Mack quería tener el mejor café y la mejor tarta de limón con merengue del mundo.

—Te equivocas en ambas cosas –respondió Darrell–. Mack *conseguirá* el mejor café y la mejor tarta de limón con merengue, pero ésos no fueron sus deseos. Ni siquiera estuviste cerca de adivinarlos.

Cuando llegamos a las afueras de Portland, Darrell se detuvo a un lado de la carretera.

—¿Ves ese restaurante al otro lado de la calle? –dijo, señalando. Asentí–. Recógeme allí mañana a las diez de la mañana.

Salió del coche. Las últimas palabras que alcancé a oír fueron *desayunos de Primera Clase.* Así, en plural. Creo que cada desayuno Primera Clase consiste en tres huevos, tres hot cakes, tres trozos de tocino y tres salchichas. Si Darrell repetía en el desayuno su proeza de las hamburguesas, devoraría doce huevos, doce hot cakes, doce trozos de tocino y doce salchichas. Y tal vez una perdiz rellena de puré de manzana.

Lo perdí de vista mientras giraba el volante. Sólo Dios sabía adónde iría a dormir esa noche. Seguramente no en el aerosol de pintura, ya que éste descansaba todavía sobre el suelo de mi coche. El problema ahora lo tenía yo, pues mi esposa no iba a creer ni una sola palabra, si le contaba lo que me había pasado.

Capítulo 5

A la mañana siguiente, allí estaba, en el lugar convenido. No parecía más grande que el día anterior, pero llevaba un traje italiano distinto. Debe de ser magnífico ser un genio y que tu guardarropa responda a tus deseos. Antes de que yo pudiera dar la vuelta para llegar adonde él estaba, corrió entre los automóviles con una agilidad increíble. En un segundo, estaba en el asiento de mi coche. Para ser un tipo tan corpulento se movía extraordinariamente rápido –un tipo corpulento del cual la camarera que le había servido el desayuno seguramente hablaría durante semanas.

—Vámonos –dijo Darrell.

—¿Adónde? –pregunté.

Me indicó el camino hacia un moderno y lujoso edificio de oficinas, en el centro de la ciudad.

No cuestioné su decisión. Después de todo, si aceptas un convenio con un genio, lo aceptas totalmente. El edificio era enorme.

Tras dejar el coche en el sótano, tomamos el ascensor hasta el décimo piso. Era una agencia de inversiones en bolsa.

En la recepción había una de esas pantallas informativas llena de símbolos y cotizaciones. Para mí, como si estuviesen en sánscrito, pero Darrell se detuvo a mirar, asintiendo y sonriendo.

—¿Comprendes eso? –le pregunté.

—Afirmativo –respondió–, ése es otro idioma. Y ni siquiera lo incluyo en los 118 idiomas que conozco. Pero éste es el que produce más dinero.

—¿Inviertes en bolsa? –inquirí.

—Claro –fue su respuesta–. Gano mucho dinero cada día, incluso cuando el mercado está a la baja.

Pensé que si había algo que valiera la pena en el mundo de los valores, Darrell debía saberlo. Sólo tenía que viajar en el tiempo, consultar el *Wall Street Journal*, volver al presente, invertir y ganar una fortuna. Yo no invierto en bolsa, pero si pudiera hacer lo que él hace, aprendería bastante rápidamente a leer esas abreviaturas que ahora revoloteaban por la pantalla.

—¿Puedes darme un par de sugerencias? –quise saber.

—Lo estoy haciendo –contestó–. Para eso estoy contigo.

—No... quiero decir, sugerencias de acciones que deba comprar.

Darrell se rió y replicó:

—Si tú fueras una acción, ¿te comprarías en este momento?

Resoplé.

—En serio –dijo Darrell–, no es broma. Te voy a repetir la pregunta: *si fueras un título bursátil, ¿te comprarías en este momento?*

Lo consideré durante un instante. Lamento decir que probablemente no lo haría. No estoy seguro de clasificarme como un valor a la baja, pero tampoco soy una inversión muy segura. Mejor invertir en certificados de depósito que en mí mismo.

Darrell no dejó que lo analizara más.

—¿Y Mack? –me interrogó–. Si él fuera una acción, ¿lo comprarías ahora?

—Claro –contesté–. Mack está en alza.

—Bueno, *yo* sí te compraría –dijo Darrell–. Tu cotización está baja, hace mucho tiempo que está baja, pero aún te queda ese deseo. Si pides lo correcto, tu cotización se pondrá por las nubes. Ya lo verás.

Darrell se dirigió a la recepcionista, mencionó el nombre de alguien y en pocos segundos me dijo:

—Vamos.

Caminamos hacia el despacho de la esquina. Pasamos junto a un mar de cubículos. En cada uno de ellos había un tipo elegante, con tirantes y un teléfono pegado al oído. *Tenían* información importante o, al menos, eso afirmaban. Preferiría su opinión a la de Darrell acerca de comprarme si yo fuera una acción. En su conjunto aquello era como un manicomio.

Mientras cruzábamos por aquel mar de cubículos, Darrell saludó con la mano a una mujer que estaba despidiéndose de varios tipos con tirantes. Era atractiva, tendría alrededor de treinta años, llevaba una blusa y una falda conservadoras y zapatos de tacón.

Avanzó hacia nosotros. Es difícil describir su forma de caminar, era como si bailara –con suavidad, pero rápida, confiada y vibrante. Se detuvo un par de veces a hablar con algunos empleados. Desde el otro lado de la sala se podía *sentir* su presencia. Supuse que sería la secretaria de quien ocupaba la oficina de la esquina. Sin duda el tipo había sabido elegir bien a su secretaria.

—¡Darrell! ¿Cómo estás? –exclamó la mujer, abrazándolo.

Darrell nos presentó y nos dimos la mano. Me moría por una taza de café y estaba a punto de pedirle una a ella cuando los dos se dirigieron hacia la oficina de la esquina. Ella se sentó tras la enorme mesa.

—Mónica dirige este lugar –explicó Darrell.

—¿Queréis un poco de café? –preguntó Mónica, sonriente.

—Ahh... sí... gracias... negro –alcancé a decir.

Mónica se levantó y se acercó a una mesa sobre la que había una jarra térmica. Sirvió dos tazas y nos las ofreció.

Mientras se sentaba, sonó su teléfono.

—Disculpadme –dijo–, estaba esperando esta llamada. Estamos a punto de cerrar un acuerdo. Quedaos, es cosa de un minuto.

La observé mientras cerraba el negocio. Hablaba tranquilamente, como si estuviera charlando con un amigo. Si se trataba de un asunto importante, desde luego ella no lo estropeaba con emociones negativas. De hecho, parecía que se sentía muy a gusto. Incluso cuando escribió algunas cifras en el ordenador, lo hizo con gran tranquilidad. Me agradaba observarla. Supongo que así es como se hacen los buenos negocios. Se dispuso a despedirse.

—Bien, estamos de acuerdo. Gracias, Phil. Estás haciendo una magnífica inversión.

Cuando uno trabaja como vendedor, mirar las cifras que hay sobre la mesa de otra persona es casi un acto reflejo. Yo casi podía leer documentos o números situados del revés. Y no lo consideraba indiscreción ni espionaje. Era simplemente curiosidad profesional. Y es una costumbre difícil de dejar. Pero en este caso ni siquiera tuve que esforzarme: las cantidades se veían claramente en la pantalla del ordenador.

Lo que me deslumbró fue leer $14.000.000. Acababa de acordar una inversión de catorce millones de dólares. No sé cuánto ganan los agentes de bolsa en cada transacción pero, para mí, se trataba de un gran negocio. Sin embargo, ella lo había manejado con tanta confianza que parecía estar hablando de 140 dólares en lugar de *catorce millones*.

Los ojos de un vendedor también se fijan siempre en las paredes. Examiné las de Mónica. No tenían trofeos de pesca. Sin embargo, había dos diplomas. Uno era de una universidad. El segundo mostraba que Mónica había asistido a un curso de Dale Carnegie. Pero ¿por qué tenía ese diploma junto a su título universitario?

Su mesa estaba despejada, sólo había sobre ella dos cosas: el teclado de su ordenador y una tetera muy extraña. Parecía vieja, muy vieja, como procedente de Europa o de algún lugar lejano. Estaba colocada sobre un bloque de madera bien barnizado.

Después de terminar con la llamada, Mónica presionó un botón de su teléfono.

—A Mónica no le agrada filtrar sus llamadas –comentó Darrell, refiriéndose al botón que ella había pulsado.

—Cierto –confirmó Mónica–, comencé como secretaria o, como dicen ahora, asistente ejecutiva, de la persona que ocupaba esta oficina. Me di cuenta de que el tiempo que se pierde esperando al teléfono es enorme. Juré que si algún día ocupaba un puesto importante, eliminaría las esperas en el teléfono. No quiero que nadie filtre mis llamadas.

Diablos, hasta yo, un simple vendedor inmobiliario, tenía a alguien para contestar el teléfono. Me *gustaba* que alguien filtrara mis llamadas. Muchas veces no quería hablar con ciertas personas. Si alguien no filtraba mis llamadas, tendría que haber hablado con quien no quería. Era mucho mejor que un asistente ejecutivo dijera que había salido de la oficina y se ofreciera a pasarme el mensaje. Si alguna vez ocupaba un puesto importante, siempre he pensado que tendría a dos o tres asistentes ejecutivos contestando a mis teléfonos.

—¿Y las personas a quienes no les gusta hablar con el contestador automático? –pregunté. Yo odio esos aparatos. Es como dejar un mensaje en un agujero negro.

Ella presionó entonces un par de botones en su teléfono y se oyó el mensaje grabado con su voz: *En este momento no puedo atenderlo, pero si deja su nombre y su número de teléfono, me comunicaré con usted antes de dos horas. Si necesita ayuda inmediatamente, presione el asterisco. Gracias por llamar.*

—¿Dos horas? –me asombré.

—*Un máximo* de dos horas –explicó–, nunca dejo de llamar en esas dos horas. Incluso cuando estoy de viaje, llamo para recibir mis mensajes cada dos horas.

—¿No recibes muchas llamadas no deseadas? –preguntó Darrell.

—Algunas personas llaman para venderme cosas que no quiero –nos confió Mónica–, pero si son buenos, realmente buenos en su oferta, les pido que vengan. *Podrían* ser buenos candidatos para trabajar aquí, conmigo. Por eso me acaban de ascender a la sede central, en Nueva York, por encontrar gente valiosa y por no hacer luego nada para entorpecer su trabajo.

—¡Caramba! –dijo Darrell–. Felicidades por tu ascenso. ¿Se puede saber qué puesto vas a ocupar?

—Vicepresidenta ejecutiva de la zona Norte –respondió.

Era impresionante. ¡Vicepresidenta ejecutiva! Y no parecía una persona taimada, como algunas mujeres ejecutivas que conozco. Parecía simplemente una chica agradable... y *atractiva.*

—Gran parte mi éxito se lo debo a la E-T-E –comentó Mónica.

Darrell me miró y lo deletreó:

—E-T-E, no éste.

Mónica me sonrió y agregó:

—Sí, soy una discípula de Darrell. Lo encontré en una venta de cosas usadas. Vi esta vieja tetera. Me gustó y la compré por cincuenta centavos. A diferencia de Aladino, que intentó limpiar su lámpara, yo puse la mía en el asiento trasero de mi automóvil, y me llevé el mayor susto de mi vida cuando apareció Darrell en el espejo retrovisor. Casi me salgo de la carretera.

—Después conocí la E-T-E. Primero la usé para aprender el modo de convertirme en la mejor operadora de bolsa de esta oficina –dijo Mónica–, después, cuando pasé a la gerencia, descubrí que casi todas las habilidades que hacían de mí una buena operadora de bolsa no eran las mismas que harían de mí una buena gerente. Intenté usarlas en mis primeros días como gerente, pero casi todos pensaron que era una bruja. *Odio* esta palabra. Pero tenían razón. Volví a usar la E-T-E para desarrollar las habilidades necesarias para ser gerente. Esto ha sido fundamental para mi ascenso: saber dirigir a los demás a fin de aprovechar al máximo sus conocimientos. Y me propuse que también ellos aplicaran la E-T-E.

Charlamos otro rato, después Darrell se puso en pie y dijo:

—Bien, Mónica, no debemos ocuparte más tiempo. Sólo quería saludarte. Lo estás haciendo muy bien. Estoy orgulloso de ti. Por cierto, ¿me puedes prestar un despacho para hacer algunas llamadas?

Mónica le indicó el despacho para visitantes ejecutivos.

Tras despedirnos y desearle suerte, nos abrimos paso entre aquel manicomio.

—¿El deseo de Mónica fue llegar a la cima? –pregunté–. No hay muchas mujeres en este campo. Tal vez ella necesitó un poco de ayuda adicional, como un deseo o *dos*.

—Tienes razón, no hay muchas mujeres en esto y todavía las hay menos en puestos ejecutivos. Ella pidió el deseo correcto y después se montó en el caballo correcto: *ella misma*. Incluso con el deseo no fue fácil, créeme. Te lo voy a mostrar.

Darrell me guió hacia la puerta de una oficina cerrada.

—Aquí es –anunció–. Entremos.

Supuse que era el despacho para visitantes ejecutivos. Entramos.

Tenía el mobiliario mínimo: una mesa, una silla, un teléfono y un fax.

—Bueno –dijo Darrell, sin sentarse siquiera–, sígueme.

Salimos por la misma puerta por la que habíamos entrado. Los tipos de los cubículos todavía hablaban por teléfono, todavía usaban tirantes. Pero había una diferencia. Mónica estaba ahora en un cubículo. Bueno, pensé, otra vez andamos en mundos paralelos.

Parecía diferente. Más joven, pero ésa no era la gran diferencia. Iba vestida casi como un hombre, con pantalones y camisa, incluso con tirantes.

Mónica vio a Darrell salir de la oficina. Caminó hacia él y le estrechó la mano. Darrell nos volvió a presentar.

Mónica nos invitó a una taza de café. Mientras caminábamos por el laberinto de cubículos hasta un comedor vacío al final de la oficina, Darrell me dijo en voz baja: *Hace siete años*. Asentí. Ya comprendía muy bien esto de los mundos paralelos. De hecho, estaba convirtiéndome en un experto.

Después de conseguirnos café, Mónica le dijo a Darrell.

—Es difícil, Darrell, es muy difícil ascender de secretaria a operador de bolsa.

Me impresionó que Mónica hubiera tenido la capacidad para hacer ese cambio. Ya de por sí era impresionante.

—¿Qué es lo más difícil? –preguntó Darrell.

—Los hombres –contestó Mónica–. Son como una fraternidad. He intentado adaptarme, pero soy *mujer*, y en una fraternidad de hombres una mujer sólo sirve para que te acompañe a una fiesta.

—Así que has decidido *seguir a los seguidores* –comentó Darrell–. Veo que has intentado ocultar tu feminidad. Ese tipo de ideas sólo te sirven para perder la concentración.

—Intento adaptarme lo mejor que puedo –se defendió Mónica.

—No funcionará –declaró Darrell–. Sí, al intentar ser como uno de ellos, te adaptas mejor, pero tus deseos no se hacen realidad. No digo que debas vestir como una cualquiera, pero sé tú misma y no pierdas tu feminidad en el proceso. Recuerda engrasar, cambiar el aceite y poner a punto tu deseo, Mónica. La gente respeta el éxito, la gente respeta a quienes tienen *pasión* por su trabajo, sin tener en cuenta el género, la raza o la religión. Cuando te preocupas por el género, aunque ello sea un asunto muy real, *pierdes parte de tu pasión* por el trabajo.

¿Engrasar, cambiar el aceite y poner a punto? ¿De qué diablos estaba hablando Darrell?

—Tienes razón, Darrell, como siempre –aceptó Mónica–. Me doy cuenta de que por querer ser «uno de los muchachos» me he desorientado un poco. Ya lo veo más claro. Ahora debo darme prisa, tengo que hacer algunas llamadas.

Nos despedimos, dejamos el café a la mitad y volvimos a la oficina. Darrell y yo retornamos al presente, entrando en el despacho para visitantes ejecutivos y volviendo a salir. Así de fácil.

Ya de vuelta en el coche, me comentó:

—En este mundo, las mujeres lo tienen más difícil en los negocios. En tu país, para ellas es más difícil, en el mío es *muy* difícil. Y esto se aplica a cualquier minoría: africano-norteamericanos, asiáticos, homosexuales, cualquier minoría, para ellos es siempre más difícil. Se han dictado leyes para que todos tengan las mismas oportunidades y nos gusta pensar que hay equidad, pero de hecho no existe. Para las mujeres y las minorías todo sigue siendo mucho más difícil.

—Las mujeres no deberían considerarse una minoría, pero en los puestos ejecutivos sí lo son. Algunas dejan el trabajo. Otras son artificialmente agresivas. Intentan comportarse con dureza, ser fuertes. Pero estas actitudes sólo distorsionan sus habilidades, confunden lo que realmente son. Sí, el grado de dificultad aumentó bastante para Mónica, pero tú ya has visto su éxito. Desafortunadamente, tienen que concentrarse *más*, sólo por el hecho de ser mujeres; no tendrían por qué hacerlo, pero obtienen un enorme provecho de esa concentración. Ya has visto los resultados de Mónica. Es una de las miles de mujeres que intentan demostrar que pueden llegar a la cima, que *es* posible, aunque tengan que ser más disciplinadas, más concentradas.

—¿Qué es eso de engrasar, cambiar el aceite y poner a punto? –pregunté–. ¿Hablabas de su coche?

Darrell se rió.

—Es gracioso –comentó–, eso sí que *es gracioso*.

Y siguió riendo. Cuando se tranquilizó un poco, dijo:

—Vamos al aeropuerto.

Capítulo 6

El aeropuerto era un verdadero lío.

Estaba en proceso una construcción enorme y los automóviles tenían que maniobrar por complicados desvíos provisionales. Un grupo de deportistas con trajes a rayas azul oscuro corría desesperadamente para no perder su vuelo.

Dejamos el coche y caminamos hacia la terminal. Era evidente que muchas personas iban con retraso y por ello corrían como si se dirigieran a cobrar el único premio que habrían de recibir en toda su vida. Una vez dentro de la terminal, parecía que *todos* estaban en la lista de los premiados. Incluso los que hacían cola para facturar. No avanzaban, pero tampoco dejaban de moverse todo el tiempo.

—Por aquí –dijo Darrell, señalándome el camino–. Quiero que veas algo.

Caminé hacia donde él estaba. Se hallaba entre los cordones que separan a los pasajeros de clase turista de los que viajan en primera clase. Parecía que había dos mil personas en la cola de la clase turista y dos o tres en la cola de primera clase.

—Observa esto –me indicó Darrell, señalando a los empleados del mostrador.

Varios de dichos empleados parecían exhaustos. Creo que cualquiera en su situación lo estaría. Pero el aspecto de uno de ellos era diferente. Parecía que *él* se divertía. Incluso recibía a cada pasajero con una sonrisa y un saludo.

El empleado en cuestión tendría poco más de cincuenta años. Por extraño que parezca, me recordaba a Frosty, el muñeco de nieve. Su nariz no era un botón ni sus ojos estaban hechos con carbón, pero tenía la prestancia de Frosty. Animoso, feliz y jovial. Y sus manos volaban sobre el teclado del ordenador. Podría haber hecho una fortuna jugando a los naipes en las aceras de Nueva York.

Parecía como si, una vez que tomaba el billete de un pasajero, sus manos tuvieran voluntad propia, mientras él hablaba e incluso bromeaba con el cliente. A su lado, los otros empleados de mostrador eran la perfecta imitación de un anciano con la vista cansada. Y eso que estaban profundamente concentrados en su trabajo. O simplemente no tenían ganas de hablar con los pasajeros. Después de todo, ¿quién desearía hablar con aquellos seres irascibles, sudorosos y nerviosos? Mejor darles sus tarjetas de embarque y verlos alejarse a toda prisa hasta desaparecer. Sin embargo, Frosty los atendía con notable rapidez. Mucho más rápido que los demás. Si le pagaran por unidad, habría ganado una fortuna.

—Muy interesante, ¿verdad? –opinó Darrell. Yo asentí. Si no lo hubiera contemplado con mis propios ojos, no habría creído que un empleado de mostrador pudiera manejar más pasajeros que dos o más de sus compañeros. Y no es que los otros no tuvieran experiencia o fueran torpes; parecía que sabían lo que hacían y trabajaban sin parar. Sólo que Frosty prácticamente despachaba a sus pasajeros con un par de pases de magia.

—Bien, observa esto –dijo Darrell–. Éste representa todo un desafío para George. Le hará perder mucho tiempo.

Señaló a un anciano japonés que se acercaba con pasos cortos y lentos al mostrador frente a Frosty.

—No creo que este sujeto hable nuestro idioma.

Cuando el pequeño oriental llegó finalmente al mostrador, Frosty... digo... George lo saludó con una reverencia.

Alcancé a oír el saludo de George. Se oyó así:

—*Ohio go zai mas.*

—Buenos días –tradujo Darrell.

El japonés dijo algo que no oí con claridad, pero supe que no era nuestro idioma.

Antes de que el pasajero pusiera su billete sobre el mostrador, George sacó una tarjeta del bolsillo de su camisa y, con las dos manos, se la tendió al hombre. Al mismo tiempo, volvió a hacer una reverencia, con la mirada dirigida al suelo.

—Un lado de la tarjeta está impreso en inglés –me confió Darrell–, el otro está en japonés. Se la ha entregado al anciano con la parte en japonés hacia arriba.

El anciano tomó la tarjeta y también hizo una reverencia. Después, todo funcionó como siempre. George tomó el billete del hombre y sus dedos se movieron unas milésimas de segundo sobre el teclado. Luego, con un solo movimiento, adhirió una etiqueta a la maleta del hombre. Con casi el mismo movimiento colocó la maleta sobre la cinta transportadora y giró con el fin de sacar de la impresora el pase para abordar. George parecía un prestidigitador haciendo desaparecer una maleta y haciendo aparecer una tarjeta de embarque. Al mismo tiempo se dirigió al hombre en japonés. Un auténtico croupier hubiera quedado sorprendido ante semejante rapidez.

Después, George cruzó por la abertura del mostrador donde había estado la maleta del hombre, lo tomó amablemente del codo y lo condujo entre la multitud. Una vez que lo llevó hasta un lugar seguro, le hizo una profunda reverencia; el anciano hizo lo mismo y se alejó con lentitud. George lo miró desaparecer entre la multitud. Sólo entonces volvio al mostrador.

Yo eché una mirada a los otros empleados. Los pasajeros que estaban siendo atendidos por ellos seguían todavía allí. Unos se apoyaban en el mostrador, otros movían los pies con impaciencia, como si de ese modo pudieran acelerar el proceso. Mientras estos pasajeros esperaban, inquietos y sudorosos, George había atendido a un pasajero de edad, que no hablaba su idioma y que podía haber provocado un retraso. De hecho, había despachado al anciano más rápidamente que los otros empleados a sus propios clientes. Sorprendente.

Y había otro elemento sorprendente en toda esta escena. Si Darrell no me hubiera explicado todo el asunto como la primera vez que uno presencia un partido de béisbol, estoy seguro de que no habría diferenciado a George de los demás empleados. No se movía de prisa, no sudaba, no parecía sin aliento. De hecho, parecía tranquilo, tomándose su tiempo. Y, no obstante, atendía el doble de pasajeros que cualquier otro compañero.

—¿Es uno de los tuyos? –interrogué a Darrell, quien asintió con la cabeza.

—Te estás volviendo listo.

—¿Cuándo... mmm... os conocísteis? –pregunté.

Darrell me dirigió una sonrisa.

—Hace unos cinco años, pero lo que realmente te interesa es cómo nos conocimos, ¿verdad?

—Bueno, sí –acepté–. Conmigo saliste de un aerosol de pintura. Con Mack fue un bote de nata batida. Con Mónica una vieja tetera.

—Con George ocurrió con una lata de aditivo para motores –explicó Darrell.

—¿Una lata de aditivo?

—Afirmativo, una conocida marca de aditivo –confirmó Darrell–. Es un líquido bastante espeso, ¿sabes? Muy, muy espeso. George iba a ponerlo en el motor de su viejo Plymouth para tratar de ahorrarse un ajuste de válvulas que le hubiera costado trescientos dólares. Quitó la tapa del aditivo y *¡voilà! Apareció el protagonista.*

Observamos otro par de minutos. Darrell miró su Rolex y comentó:

—George se tomará un descanso dentro de unos quince minutos. Quisiera presentártelo.

—Me gustaría –repliqué.

—Mientras tanto, sígueme, quiero mostrarte algo –dijo Darrell, girando desde nuestro punto de observación como si anduviera en patines. El tipo era muy ágil para su tamaño.

Como de costumbre, tuve que apresurarme para alcanzarlo. Tan decidido como una bola en la bolera, se dirigió hacia una puerta metálica gris en la que un letrero decía *Mantenimiento*. Metió la mano en su bolsillo y sacó un llavero enorme, con unas veinte llaves.

Las examinó, encontró la que buscaba y la insertó en la cerradura. Abrió la puerta y me escoltó amablemente hacia el interior.

Era una habitación pequeña, repleta con cosas como fregonas, cubos y aspiradoras viejas. Apenas podíamos estar de pie sin chocar entre nosotros. Frente a la puerta que habíamos usado se hallaba otra. Darrell volvió a buscar una llave y la insertó en la cerradura de la segunda puerta.

La abrió y de nuevo me cedió el paso con deferencia. Pasé sobre un cubo y entré en la terminal. Así que volvíamos a viajar en el tiempo. Observé la misma terminal aérea de Portland, pero ahora era distinta en muchos aspectos. Era más pequeña, el suelo estaba gastado en muchos lugares, no había tantos viajeros ni construcción alguna en marcha.

—Hace seis años –comentó Darrell, en respuesta a la pregunta implícita en mi mirada–. Bonito y diminuto aeropuerto –agregó, y de nuevo arrancó como un perro que corre tras un hueso, mientras yo trataba de alcanzarlo.

Terminamos en el punto desde donde habíamos estado observando a George momentos antes. Se veía lo mismo, pero había menos viajeros y menos empleados. No obstante, todos parecían igual que en la otra terminal, excepto George, que estaba tan agobiado como los demás. Y como los pasajeros.

Observé el trabajo de George. No saludaba a las personas. Simplemente esperaba a que llegaran y, tras retirarles los billetes y manipular en el ordenador, les entregaba sus tarjetas de embarque.

George tomaba el billete y miraba el ordenador como si fuera a funcionar solo. Sus dedos se movían lentamente sobre el teclado. Lo vi apoyar la barbilla en la mano mientras miraba la pantalla. Luego escribió algo más y volvió a esperar. El pasajero miraba el reloj cada veinte segundos, con expresión de ansiedad. Finalmente, el cliente recibió su tarjeta de embarque y se alejó a grandes pasos, mientras George esperaba el billete del siguiente pasajero.

—Bueno, ¿qué te parece? –preguntó Darrell.

—Su jefe debe de haberle dado un ultimátum –comenté.

—Oh, seguramente –contestó Darrell–. ¿Por qué crees eso?

—Se ve. Aquí se mueve a cámara lenta. Allá –dije, señalando la puerta de mantenimiento–, es más veloz que un rayo. Allá trabaja el doble que cualquiera y apuesto a que por el mismo salario.

—¿Así que crees que fue su jefe?

—Sí, probablemente.

—Sabes, te falta algo –expresó Darrell–. ¿Cuál es la única cosa, sólo una cosa, que tienen en común Mack, Mónica y George en el mundo actual?

Me quedé pensando un minuto. Darrell había dicho algo que no capté del todo.

—¿Qué? –pregunté.

—Algo que dijiste acerca de Mack. ¿No lo recuerdas?

No podía recordarlo.

—*¿Alegría?* –comentó.

—Dije eso, ¿verdad? –contesté–. Sí, Mack, Mónica y George parecían verdaderamente alegres. Trabajando mucho pero alegres, de cualquier modo.

—También hablaste de *pasión*.

—Sí, Mack ponía pasión en lo que hacía. Todos podían verlo. Mónica y George también la tenían.

—Pero mira a George ahora –explicó Darrell. George seguía procesando billetes–. Como sugeriste, ¿podría un jefe obtener *alegría* y *pasión* poniéndole un ultimátum? Tal vez consiguiera que trabajara un poco más si lo amenazara con un arma apuntada a su cabeza, pero ¿podría inspirar *alegría* y *pasión*?

—No, por supuesto que no –dije–. Tienes razón. No fue su jefe.

Me puse a pensar en mi jefe. Me presionaba todo el tiempo y yo simplemente inventaba formas nuevas de engañarlo. Si dieran *óscars* por fingir en un trabajo real y no sólo en las películas, yo tendría muchas estatuillas sobre la chimenea.

Darrell miró su reloj.

—Es hora de reunirnos con George –comentó.

Esta vez preví su rápida partida y caminé a su lado hasta la puerta de mantenimiento. Uno no necesita ser Einstein para entender eso de los viajes en el tiempo.

Atravesamos el armario de mantenimiento y entramos en la nueva y bulliciosa terminal. Nos deslizamos entre los viajeros hasta el restaurante. Mientras caminábamos, comenzaron a formarse en mi mente nubarrones de duda. *¿Qué tiene de raro esta imagen?*, pensé. No la de los viajes en el tiempo, sino la de *George*. Podía comprender la transformación de Mack. Después de todo, quería descubrir la mejor taza de café y la mejor tarta de limón. Incluso con sólo acercarse a ellas, podía ganar una fortuna. La Big Mac de McDonald's ni siquiera se acerca a la perfección y McDonald's gana millones con ella.

También podía entender la transformación de Mónica. Negociaba asuntos importantes. Volaba hacia la cumbre de los negocios. Pero ¿George? Atendía *por lo menos el doble de pasajeros* que cualquier otro empleado de mostrador en todo el mundo y cobraba lo mismo que el peor de ellos. De hecho, ciertas señales parecían apuntar hacia una especie de culto. Ya sabe a qué me refiero: esas personas que beben una bebida envenenada y creen que todo lo que hacen es hermoso. Y además, parecía que el genio estaba de acuerdo con dicho culto.

George ocupaba un banquillo frente a una mesa redonda, con una hamburguesa doble, patatas fritas y una bebida de limón.

Darrell nos presentó.

—Tengo que comer –dijo George, señalando su hamburguesa–. Comencé a trabajar a las cinco y media de la mañana.

Hablamos un poco sobre el equipo de baloncesto de Portland, pero Darrell debió de haber sentido mi cambio de humor y decidió animar la charla.

—Mi amigo –le dijo Darrell a George– cree que trabajas demasiado.

George se rió, mientras masticaba su hamburguesa.

—Cumplo con mis ocho horas –replicó–, igual que los demás.

Eso fue todo lo que necesité para dejar que los demonios de la duda expresaran su opinión.

—Pero atiendes al menos al doble de pasajeros que cualquier otro. Te estuvimos observando.

—No llevo la cuenta de las personas que atiendo –fue la respuesta de George, antes de comerse otra patata–. Eso es casi irrelevante.

—¿Que no es importante? –me asombré, mientras se tensaban mis corrientes negativas. Esas corrientes siempre rondaban la superficie, pero rara vez las convertía en palabras. Simplemente murmuraba en voz baja lo estúpido que era mi jefe o cuántas veces se había arrastrado un colega para obtener un ascenso. Pero en aquel momento, en el mundo de los viajes en el tiempo, no necesitaba poción mágica alguna para saltar.

—Trabajas el doble que cualquier otro, pero supongo que ganas lo mismo, ¿no es así? Si eso no es relevante, podría calificarse como estúpido. Entonces, George, ¿qué es lo importante?

—Bueno, si lo planteas de ese modo –dijo George–, es probable que no te guste mi respuesta ni la comprendas.

George se giró para mirar a Darrell, como si dijera: *¿Y quién es este imbécil?*

—De todos modos, explícamelo, si puedes –insistí.

Darrell dejó la mesa y dijo que iba a traer algo de comer. Parece que cuatro desayunos para luchadores profesionales no habían sido suficientes.

—Por tus preguntas, me parece que piensas en las ganancias, en el dinero –dijo George–. El dinero *es* importante. Sé cuanto dinero voy a ganar. Claro que no voy a ganar más por atender a más pasajeros. Pero *sé lo que voy a ganar* durante una semana de cuarenta horas. Para mí es importante. ¿Puedo ganar más si me dedico a otra cosa? Tal vez. Varias de las personas para quienes trabajo ganan mucho dinero. Pero ésa es su prioridad y arriesgan mucho. Yo no quiero riesgos. No quiero fingir para llegar a la cima. Sólo busco una cosa.

—¿Una cosa? –pregunté.

Aquello comenzaba a sonar como *un deseo*. Darrell llegó con dos hamburguesas, dos raciones de patatas y dos bebidas dietéticas. Empujó una de cada hacia mí. Lo que le quedó para él debió de parecerle una dieta cruel.

—Como te estaba diciendo –continuó George–, lo único que busco es la diversión.

Clavé la mirada en Darrell. Él sabía lo que yo pensaba: *El deseo de George fue divertirse.* Pero Darrell aclaró mis dudas con un ligero movimiento lateral de cabeza, es decir, un simple *NO*.

—¿Cómo puedes divertirte entregando tarjetas de embarque? –inquirí.

—Bueno, me doy cuenta de que esto no es para ti –dijo George– y ello está bien, pero es lo correcto para *mí*. No se trata de las tarjetas de embarque, eso es algo mecánico. Lo que me interesa es la totalidad del cuadro.

—¿La totalidad del cuadro?

—Sí. En estos tiempos no es fácil viajar. Aeropuertos atestados, largas colas, escasez de billetes, retrasos en los vuelos, asientos incómodos, alimentos frugales. Cuando viajas mucho, no es divertido. Por eso intento que los pasajeros recuerden por lo menos una cosa grata de su viaje. En este caso, mi trabajo.

Casi le espeté un *Me siento muy honrado* verdaderamente sarcástico, pero si el tipo era tan estúpido como para creer que él hacía que todo fuera diferente, no iba a cambiar con lo que yo le dijera. Pensé presionarlo con una técnica menos ruda, así que dije:

—¿Cómo consigues hacerlo más grato?

—¿Viajas mucho? –replicó George.

—Un poco –fue mi respuesta.

—Entonces debe de molestarte hacer colas.

Mis demonios pensaron: *Sólo un genio podía haber dicho eso*, pero me limité a asentir.

—Si saliendo de viaje estuvieras en mi cola, yo podría ayudarte de dos formas: siendo amable y procesando tu billete lo más rápidamente posible.

Volví a asentir al genio de todas las cosas.

—Pero sólo te darás cuenta si trabajo muy lentamente –explicó George–, y ello te molestará. Si me doy prisa, no dices: *Caramba, qué rápido eres*. Pero trabajar rápidamente no significa estropear otras cosas ni dejar de hacer otras cosas. Para ser rápido, verdaderamente rápido, tuve que esforzarme. Casi todos los empleados escribimos con rapidez. Sin embargo, yo quería acelerar más el proceso, por lo que tomé lecciones de mecanografía *veloz*. Desde la escuela podía escribir sesenta palabras por minuto. Era bastante bueno. Ahora escribo más de noventa palabras por minuto. Pero esa velocidad no era suficiente, necesitaba más.

—¿Una sonrisa? –pregunté, todavía refrenando mi sarcasmo.

—Sí, eso es importante, pero no en relación con la velocidad. Quería más velocidad de la que podía obtener escribiendo. Entonces tomé clases de informática. No quería aprender a programar, simplemente deseaba aprender a crear *macros*.

Con las macros –explicó–, podía escribir como si fuera taquigrafía. En lugar de presionar 15 teclas, usaba una macro y, pulsando cinco teclas, obtenía el mismo resultado.

—Y así consigo una verdadera velocidad. Con los métodos abreviados acelero enormemente mi velocidad de escritura.

—Pero ¿qué obtienes? –insistí–. No más salario. ¿Acaso un ascenso?

—No, no me pagan más –reconoció George – y no busco un ascenso. Me lo han ofrecido varias veces, pero tengo cincuenta y cuatro años y me divierte mi actividad actual. Hago el mismo trabajo que hace varios años y entonces no me divertía. Si voy a pasar dos tercios de mi vida trabajando y yendo y viniendo de mi lugar de trabajo, y tengo que trabajar, por lo menos quiero divertirme. He leído que debes dedicarte a algo que te guste. A mí me gusta jugar al golf. Es una simpleza, pero cuando no trabajo me agrada jugar. No soy lo bastante bueno para practicarlo profesionalmente y no quiero ser instructor. Pero también me gusta entregar tarjetas de embarque, me divierte y, como trabajo en una compañía aérea, obtengo precios muy especiales y puedo viajar y jugar al golf en casi todo el mundo.

—Tal vez los otros empleados se hayan disgustado contigo porque los pones en evidencia –comenté.

—Cuando comencé a escribir más rápido no se dieron cuenta –respondió George–, una vez que lo notaron, algunos pensaron que trataba de sobresalir, pero pronto se acostumbraron. Tengo buenos amigos aquí.

Tuve que admitir que resultaba impresionante que este sujeto se hubiera tomado tantas molestias para mejorar su trabajo.

—Me gusta eso del idioma japonés –opinó Darrell–. Cuéntale, George.

—No hay mucho que contar –dijo George–. De nuevo tiene que ver con la velocidad. Tenemos un vuelo diario de Portland a Tokio. Muchos viajeros japoneses no hablan nuestro idioma y se ponen nerviosos ante la posibilidad de cometer un error al hablarlo. Para acelerar el proceso, aprendí *su* idioma.

¿Aprendió su idioma? Aquello era ya difícil de creer. Este tipo estaba loco.

—Espera un momento –exclamé–, *¿aprendiste japonés para acelerar el proceso?*

George asintió, sonriente.

—¿Cuánto tiempo tardaste? –pregunté.

—No tanto como crees –manifestó George–. Comencé con un curso nocturno. Me gustó, así que tomé otro. Después, seguí uno de esos cursos por correspondencia, con grabaciones. Durante dos años estuve escuchando las cintas cuarenta y cinco minutos diarios, mientras iba y venía del trabajo.

—Y por ello, George tiene muchos amigos japoneses –comentó Darrell.

—Ése ha sido un beneficio reconfortante, aunque imprevisto –dijo George.

Ah, vamos, pensé... toda esta locura tenía cierta finalidad. Tenía negocios con los japoneses.

—¿Cómo es eso? –pregunté.

—Bueno, he llegado a conocer a algunas personas que viajan a menudo desde Japón. Cuando esperan en la cola, dejan pasar a otros pasajeros para que yo pueda atenderlos. Éste es un verdadero honor. Como sabes, al trabajar en una línea aérea, prácticamente podemos viajar gratis. Cuando les comenté a algunos de estos japoneses que viajan con frecuencia que mi esposa y yo íbamos a visitar Japón, no pudieron ser más amables. Ya hemos viajado a Japón tres veces y en cada ocasión nos hemos alojado en casa de nuestros amigos japoneses. Ni siquiera nos dejan gastar en nada. De hecho, siempre volvemos cargados de regalos. Cada viaje ha sido más maravilloso que el anterior.

George se comió el último bocado de su hamburguesa.

—Debo volver a trabajar. Me alegro de conocerte –me dijo. Después me hizo un guiño–. Espero que pidas lo correcto. Yo lo hice y nunca antes había sido tan feliz.

Cuando George se fue, Darrell comenzó a hablar.

—Ése es un buen ejemplo de E-T-E. Para tener una E-T-E excelente no tienes que trabajar tanto tiempo. George sólo trabaja ocho horas diarias, igual que cualquier persona. Pero tiene una Ética del Trabajo Eficaz.

Darrell sorbió hasta la última gota de su bebida y me preguntó:

—¿Crees que George es un triunfador?

—¿Triunfador?

—Sí, triunfador.

—Creo que todo depende de los puntos de referencia que emplees para medir el éxito. Si hablamos de dinero, no es un triunfador.

—¿El dinero es la única referencia? –quiso saber Darrell.

—Es una cuestión importante –repliqué.

—En tal caso, ¿qué piensas de una magnífica trabajadora social, de un gran antropólogo y de una excelente maestra de educación básica? Usando el dinero como referencia, todos ellos serían unos fracasados. Y es probable que el dinero no sea importante para ellos. Mack y George no serían triunfadores en ese esquema, pero míralos... ¿Dirías que son unos fracasados? ¿Crees que *se sienten* fracasados?

Había visto trabajar a Mack y a George. Se alegraban con sus logros, les apasionaba su trabajo, aunque fuera un tanto extraño. Era evidente que Mónica ganaba más dinero y no parecía tensa, molesta ni a punto de reventársele una vena. Mostraba la misma alegría que Mack y que George. Una *alegría* y una *pasión* que yo nunca había conocido. Y si la referencia para el éxito incluía el dinero, tampoco yo lo había alcanzado.

No obstante, ellos sentían verdadera *alegría* y *pasión*. ¿Cuánto dinero pagaría yo por sentir esa alegría y esa pasión en mi trabajo? Nunca lo había pensado, pero estaba claro que aquello era algo que no se podía comprar con dinero.

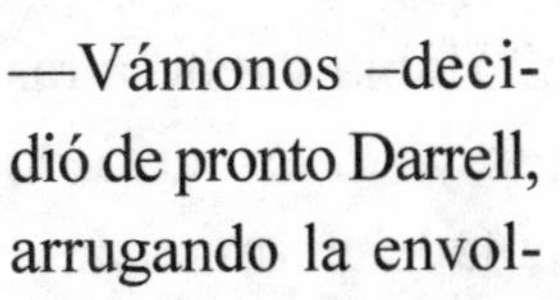

Capítulo 7

—Vámonos –decidió de pronto Darrell, arrugando la envoltura de la hamburguesa y echándola al cesto de la basura.

Caminamos hacia mi coche. Al llegar, me senté al volante.

—¿Adónde vamos ahora? –pregunté.

A tu oficina, muchacho –dijo Darrell–. Ya te he robado bastante tiempo hoy. Tienes que trabajar.

A medida que nos acercábamos a mi oficina, en el suburbio de Beaverton, observé que el sol estaba más bajo de lo que debía. Ya era casi mediodía, pero el sol estaba sobre el horizonte oriental.

Consulté mi reloj. Eran las 11:49. Justo cuando desviaba la vista del reloj, observé que la manecilla de los minutos se movía hacia atrás. Comenzó lentamente, alrededor de un minuto por segundo. Pero luego adquirió velocidad y le dio la vuelta a la esfera en unos diez segundos. Mi reloj perdió una hora en diez segundos. La siguiente hora la perdí en cinco segundos. Me quedé mirando como retrocedía vertiginosamente la manecilla, hasta detenerse en las 9:31 de la mañana.

—Bonito truco, ¿verdad? –exclamó Darrell–. ¡Cómo vuela el tiempo! ¡Y hacia atrás!

¿Por qué iba a sorprenderme? Había vuelto atrás en el tiempo atravesando espejos y un armario de mantenimiento. Ahora lo hacía sentado en mi coche.

—Vas a ver una cosa interesante –dijo Darrell, mientras salía del vehículo. Me había detenido en el lugar que me correspondía en el aparcamiento posterior de mi oficina.

Nada más entrar se olía a café. Otros agentes estaban en sus cubículos hablando por teléfono. Murmuré mi saludo acostumbrado mientras pasábamos a su lado, pero estaban concentrados en sus llamadas y no se dieron cuenta de mi presencia. Mientras me dirigía a mi lugar, vi a mi jefe, que estaba en su oficina hablando por teléfono. Lo saludé pero no me vio. Di la vuelta hacia mi cubículo y entonces vi que *ya* estaba allí.

Me detuve abruptamente. Ya estaba sentado en mi mesa, leyendo la sección deportiva del periódico.

Di la vuelta y miré a Darrell.

—Pensé que te gustaría ver qué aspecto tienes –explicó– mientras trabajas.

—¿Somos invisibles? –pregunté, comprendiendo cada vez más este asunto de viajar en el tiempo.

Asintió. Yo me acerque a uno de mis colaboradores.

—Aquí están los veinte dólares que te debo –le dije al vendedor que ocupaba el siguiente cubículo. Agité un billete de veinte dólares en sus narices como si fuera una bandera. No levantó la vista. No tomó el billete. Ésta sería su única oportunidad de recuperarlos. La suerte le daba la espalda.

El asunto de la invisibilidad se estaba poniendo divertido. Me fui a la oficina de mi jefe. Acababa de colgar el teléfono.

—Hola, Jerry –me burlé–, antes de que hagas otra llamada, quiero preguntarte algo. ¿Sabías que eres un idiota?

Ninguna respuesta. Darrell apareció tras de mí.

—Yo no insistiría –comentó–. Los viajes en el tiempo no son una ciencia exacta, ¿sabes? A veces se superponen algunas partes de los diferentes mundos, al menos en la mente de una persona.

Retrocedí. Darrell dijo:

—Anda, vamos a *verte*. Tal vez te encuentres interesante.

Volvimos a mi lugar.

No sé qué era más aburrido. Vivir mi vida u observarla. Mientras los demás contestaban llamadas, escribían cosas o consultaban numerosas listas, yo sólo me sentaba a leer el periódico. Mi única actividad era volver a llenar la taza de café.

Finalmente, sonó el teléfono. Observé cómo lo levantaba. Como un acto reflejo, me vi subiendo los pies encima de la mesa. Claro, ésa era mi posición habitual. Los pies sobre el escritorio mientras contestaba al teléfono. Todo un tipo.

Como para justificarme ante Darrell, dije:

—¿Qué te puedo decir? Es un trabajo aburrido.

—¿Más aburrido que preparar café y servir tarta de limón todo el día? –comentó–. ¿O que emitir tarjetas de embarque?

Recordé que Mack y George trabajaban con más alegría y pasión. Después recordé cuando viajamos en el tiempo y los vimos igual que a mí. Aburridos, somnolientos, en espera de que ocurriera algo. Ése era yo. Me pregunté durante *cuántos años* las personas como Mack, George o yo esperábamos a que ocurriera algo.

Mi vida real era bastante aburrida, pero observarla era todavía peor. Era divertido ver a Mack y a

George cuando tenían alegría y pasión por su trabajo. Y parecía que se divertían haciéndolo.

Creo que nunca relacioné *diversión* y *trabajo*. El trabajo es algo que uno tiene que hacer. Como cuando éramos niños y *teníamos* que ir a la escuela. No había elección. Claro, la escuela, igual que el trabajo, tenía elementos divertidos. La camaradería en la escuela era divertida. Recuerdo que en la escuela elemental la hora de descanso era divertida. A veces, también en el trabajo había cierta camaradería que resultaba divertida. Pero, para mí, el trabajo era como tomar una clase de historia. ¿Qué tiene de divertido?

—¿Cuánto tiempo tenemos que ver esto? –pregunté a Darrell.

—Bueno, podríamos entrar en ese armario e ir a tu pasado hace cinco años. ¿Sería eso más emocionante?

Me estremecí.

—Lo único que cambiaría sería la fecha del periódico –dije. No es que fuera vago. Trabajaba por lo menos cuarenta horas a la semana. Y si consideraba los fines de semana en que mostraba casas a gente que simplemente quería mirar, tal vez llegase a las cincuenta. No obstante, apenas habría alcanzado una calificación mediocre en E-T-E, Ética del Trabajo Eficaz. Le dedicaba tiempo, bastante tiempo, pero no siempre era muy eficaz.

En lugar de regresar cinco años, se me ocurrió una idea mejor.

—Oye, Darrell, echemos un vistazo al futuro.

—Normalmente no voy al futuro –dijo Darrell.

—¿Por qué no?

—No necesito ir –contestó Darrell–. Has visto el presente con Mack, Mónica y George. Ya viste su pasado, ¿tienes alguna duda de que su futuro será todavía más divertido y emocionante?

Tenía razón. Mack, Mónica y George no iban a perder su alegría y su pasión por el trabajo.

—Pero contigo haré una excepción –dijo Darrell–. Si quieres ir al futuro, muchacho, iremos.

—De acuerdo –respondí.

—Sígueme –exclamó Darrell. Se dirigió a la habitación donde estaban la fotocopiadora, la cafetera y los paquetes de papel. Darrell se sirvió un café.

—¿Tienes algo de crema o sólo esta basura? –preguntó, señalando la crema en polvo. Le dije que era todo lo que había.

—¿Bocadillos? ¿Donuts?

—Nada, aquí cada uno debe traerse lo suyo.

—Bueno, vamos a ver el futuro –dijo Darrell, gruñendo como si tuviera que viajar con el estómago vacío. Caminamos de vuelta a la oficina.

Lo seguí hasta mi cubículo. Yo estaba sentado leyendo la sección deportiva del periódico.

—Vamos, Darrell, aquí nada ha cambiado, ¿quieres gastarme una broma pesada, o qué? Todo está igual. No hemos viajado cinco años al futuro.

—Fíjate en el periódico, muchacho.

Levanté la sección principal del periódico. ¡Maldición! Tenía la fecha de cinco años después. Nada había cambiado excepto la fecha. Me observé con mayor atención. El yo sentado en mi cubículo tenía barriga. También algunas canas. Y, rayos, tenía muy poco cabello en la parte de arriba de la cabeza. Cuando mi yo futuro le dio vuelta a la página del periódico, observé que ya no tenía el anillo de casado en el dedo. Eché un vistazo a mi mesa. La fotografía de mi esposa había desaparecido. Y no la había cambiado por la de una seductora actriz. Sólo quedaba un espacio vacío.

—¿Qué pasó con el deseo? pregunté a Darrell.

—¿Qué quieres decir?

—Pensé que con el deseo las cosas habrían cambiado, como ocurrió con Mack, Mónica y George –dije–. Diablos, esto es tan aburrido como hace cinco años.

—Te equivocaste al pedir tu deseo.

Capítulo 8

—¿Que me equivoqué al pedir mi deseo? –prácticamente le grité.

Darrell asintió.

—¿Cómo es posible? –reclamé, todavía fuera de mí. Había tenido la oportunidad única de lograr fortuna y sin embargo *nada había cambiado*. Era como haber tenido la posibilidad de comprar acciones de Microsoft en 1980 por unos cuantos centavos y no haberlo hecho por pensar que Bill Gates y Paul Allen eran un par de chiflados que no servían para nada.

—Se suponía que me ibas a guiar, que ibas a ayudarme –me quejé.

—Bien, antes que nada, debo decirte que no existe regla alguna según la cual yo tenga que guiarte o ayudarte. Soy como un cartero. Sólo hago la entrega, no escribo la carta –dijo Darrell–. Pero me gusta hacer el servicio más personal, por eso he tratado de guiarte. Te mostré a Mack antes y después de su deseo. Te mostré a Mónica antes y después de su deseo. Te mostré a George antes y después de su deseo. Y, por último, te mostré a *ti mismo* antes y después de *tu* deseo. Pero no pusiste atención. Simplemente te equivocaste al hacer tu deseo, muchacho.

—¿Qué pedí?

—Ya lo sabrás –dijo Darrell–. Pero recuerda, soy un genio y puedo concederte un deseo dentro de las reglas básicas que me otorgaron. No llego y te digo: *Muchacho, aquí está tu deseo.* Eres libre de elegir, de cumplir tu voluntad. *La elección es completamente tuya.* No puedes culparme por tu deseo... ni por tu forma de vida.

Me vi a mí mismo leyendo el periódico. Me senté en la silla de plástico que estaba a un lado de mi cubículo. Me encontraba a sólo cincuenta centímetros de mi yo futuro. ¿Era esto lo que me esperaba? ¿Simplemente más de lo mismo? En realidad, un poco *menos* de lo mismo. Mi esposa se había ido. No creo que hubiera muerto, pues en ese caso, habría conservado su fotografía sobre mi mesa de trabajo. No, me había dejado. Claro, las cosas no eran maravillosas entre nosotros, pero tampoco eran *tan terribles*. No funcionábamos tan mal como para acabar así.

—Si pudieras verte ahora –le dije a mi yo futuro–, dejarías ese estúpido periódico y harías algo.

Mi yo futuro simplemente siguió leyendo el periódico.

Estaba a punto de levantarme cuando un hombre se acercó a mi yo futuro. No lo reconocí. Probablemente lo contrataron durante los cinco años anteriores. Parecía rondar los sesenta años.

—Me han escrito de la Seguridad Social –dijo el hombre–. Ya puedo hacer los trámites y retirarme a los sesenta y dos. Aunque todavía no estoy seguro de querer hacerlo.

—Bueno, pues yo en tu caso sí lo haría. Pienso en eso todos los días.

—¿Tú? –se asombró el hombre–. Pero si apenas tienes cuarenta. Te faltan veinte largos años.

—Veinte años y ya estoy contando –contestó mi yo futuro–. Incluso ya he hecho los cálculos. Creo que podría vivir de los intereses; y olvidarme de esta basura.

—¿Qué harías? –dijo el hombre.

—Nada. Un poco de golf, unos cuantos partidos de béisbol, pescar... y tal vez viajaría un poco.

—Bueno, tienes veinte años para pensarlo.

—Lo pienso todos los días, todos los días –exclamó mi yo futuro, como si fuera una idea erótica y exótica.

Me levanté de la silla y me acerqué a Darrell. Me quedé mirando a mi yo futuro y le dije:

—¡Idiota!

Después, salí de la oficina.

Darrell me alcanzó fuera.

—¿Adónde vamos ahora? –le pregunté. Me di cuenta de que los automóviles que había en el estacionamiento eran distintos. No mucho, pero los diseños habían cambiado un poco. Donde normalmente dejaba mi Ford Taurus se encontraba ahora un Porsche. ¿Quién era el idiota que se había atrevido a usar mi lugar? Me acerqué y eché un vistazo al interior del vehículo.

En el asiento trasero reconocí mis palos de golf. El coche hacía bastante tiempo que no había sido lavado y tenía una abolladura en el lado izquierdo del parachoques delantero. Se le había caído la pintura y tenía manchas de óxido.

Me volví hacia Darrell.

—¿Todavía estamos cinco años en el futuro, verdad?

Darrell asintió.

—¿Este Porsche es mío?

Volvió a asentir.

Esto reavivó mis esperanzas. Tal vez después de todo las cosas habían mejorado, tal vez había pedido lo correcto y éste era uno de los resultados de mi nueva vida. Tal vez, sólo tal vez, el yo futuro que había visto era una breve imagen que no indicaba el modo en que yo vivía. Sí, tal vez ya no estuviese casado, pero con este Porsche quizás tuviera alguna chica linda.

Entonces me asaltó una idea horrible.

—¿*Esto* no es lo que pedí, verdad? –le pregunté a Darrell.

Asintió.

—*¡NOOOOOOOOOOO!* –grité–. ¿Cómo pude haber sido tan estúpido?

¡Un genio me concede un deseo y yo pido un Porsche!

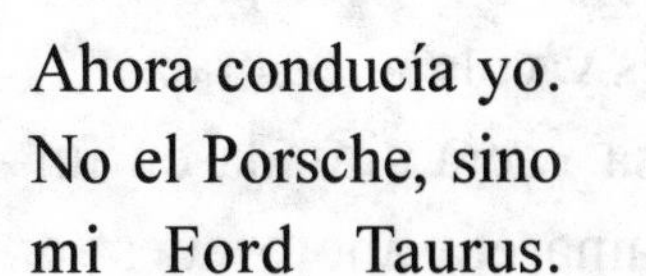

Capítulo 9

Ahora conducía yo. No el Porsche, sino mi Ford Taurus. Darrell estaba en el asiento de al lado. Habíamos entrado otra vez en la oficina, después fuimos a la habitación de la fotocopiadora y por último caminamos hacia el aparcamiento. Nos desplazamos en el tiempo hasta el presente. Era sorprendente lo fácil que se viajaba en el tiempo una vez que conocías el truco.

Tenía ganas de acelerar y estrellar el automóvil contra un muro de ladrillos. ¡Qué estúpido había sido! ¡Un Porsche!

Pero en lugar de acelerar, disminuí la velocidad y me detuve frente a un bar de aspecto sórdido.

Nunca había estado en aquel lugar pero lo había visto varias veces al pasar, parecía un bar para bebedores compulsivos.

En el interior, la iluminación era tenue. Los cuatro o cinco tipos presentes parecían haber estado allí todo el día. Había algunas mesas pequeñas con sillas, todas vacías. Nadie iba allí a comer, simplemente dejaba uno veinte dólares en la barra y seguía bebiendo hasta que consumía dicha cantidad. Después, tal vez, sacaba otros veinte dólares y volvía a empezar.

Nos dirigimos a una mesa vacía situada en un rincón y nos sentamos. La camarera anotó nuestro pedido. Un escocés con hielo para mí. Una bebida dietética para Darrell.

Mientras ponía las bebidas frente a nosotros, le dije a la camarera:

—Tráigame otro.

Ella asintió. Había visto esa misma escena ya muchas veces.

Engullí el whisky escocés como si bebiera agua fresca después de jugar un partido de tenis.

La camarera conocía su trabajo. El segundo whisky llegó en un momento. Con un movimiento de cabeza, le pedí otro. Asintió en la misma forma. Sí, sabía lo que yo quería y sabía preparar bebidas con rapidez.

—Siempre he querido ser feliz –le dije a Darrell–. Como cualquier persona, sólo quería ser feliz.

Darrell dio un sorbo a su bebida dietética.

—¿Sabes, Darrell? –comenté–, debería haber clases para aprender a ser feliz. Deberían enseñarnos eso en la escuela.

—¿Como una lección que hay que aprender de memoria? –inquirió Darrell.

—Bueno, sí. De lo contrario, aprendemos a ser felices viendo programas de televisión escritos por personas muy distintas a nosotros. ¿No es eso estúpido?

—No tienes que mirar la televisión, aunque podría ser divertido –dijo Darrell–. Me tienes a mí y tienes un deseo. ¿Cuál va a ser éste? ¿Ser feliz?

—¡Sí! Ése sería el deseo de todos, ¿no es cierto?

—Puedo concederte ese deseo –manifestó Darrell–. Ser feliz.

Metió la mano en el bolsillo de su traje y sacó un juego de llaves de coche. Las arrojó sobre la mesa.

El llavero tenía el conocido emblema de Porsche.

—Aquí está la felicidad –resumió Darrell.

Tomé las llaves. Me sorprendió, pero una extraña fuerza emanaba de aquellas llaves. Terminé mi tercer whisky. La bebida no me estaba afectando en absoluto. Tal vez la rebajaban con agua. Me puse a masticar un trozo de hielo.

Cuando piensas en un Porsche y acaricias las llaves, sientes cierto poder, como una especie de felicidad. Un Porsche es un símbolo de éxito, algo que siempre había anhelado.

Pensé en el modo en que el Porsche podría cambiar mi vida. Cuando llevara a un cliente a ver una casa, se impresionaría. Pensaría que estaba tratando con un agente inmobiliario de éxito. Escucharía mis consejos con más atención. Y yo cerraría más ventas. También tendría un efecto positivo sobre mi esposa. Sentiría que yo era más importante. Me animaría a medida que yo cerrara una venta tras otra. Sí, aunque cuando lo vi en mi oficina me pareció estúpido, tal vez el Porsche me impulsaría, tal vez un Porsche era el deseo *correcto*. Esta serie de ideas era prometedora.

Pero un rapto de ideas claras me sacudió de pronto. ¡Espera un momento! ¿Estaba tomando la decisión estúpida que había maldecido hace pocos minutos? Definitivamente sí. Me estaba convenciendo para tomar el Porsche como mi deseo. Quizás la vez anterior que decidí había estado bebiendo. ¡Caramba! Estos mundos paralelos pueden ser bastante confusos. Sí, el Porsche me haría feliz, a corto plazo. Tal vez un mes. Pero no cambiaría nada. Empujé las llaves del automóvil hacia Darrell.

—Esas llaves me darían la felicidad a corto plazo, Darrell –expliqué–, pero he perseguido la felicidad a corto plazo toda mi vida. Soy experto en eso. Ahora busco la felicidad a largo plazo. Quiero ser feliz el resto de mi vida.

—¿Ése es tu deseo «oficial»? –quiso saber Darrell.

—Sí –contesté, con un gesto desafiante–. Ése es mi deseo *oficial*. *Quiero la felicidad para el resto de mi vida.*

—¿Ése es tu verdadero deseo? –volvió a preguntar Darrell.

—Sí, sí, sí –expresé–. Ése es, *muchacho*. Agregué lo de «muchacho» para remedarlo un poco a él.

—Puedo conseguirte eso –comentó Darrell–. Por supuesto que puedo.

—Bien. ¿Qué sigue ahora? ¿Me lanzas un hechizo o algo así?

—Primero debo advertirte algo –dijo Darrell.

—Vaya, vaya. Aquí vamos de nuevo –me burlé–. Más reglas.

—No, no, nada de eso. Sólo quería aclarar qué es la felicidad para ti. Si hubieras tomado las llaves de ese Porsche habrías sido feliz, ¿no es cierto?

—Cierto.

—Pero ¿qué habría sucedido si no hubieras cuidado el coche?

—¿Qué quieres decir? –le pregunté.

—Ya sabes, cambios de aceite, engrasarlo, puestas a punto y cosas así. ¿Qué habría pasado si no hubieras hecho nada de eso? El rendimiento del Porsche habría empeorado cada vez más. Después de un tiempo, habrías estado muy descontento con el coche.

—No habría ocurrido así –protesté–. Eso hubiera sido muy estúpido. Le habría hecho sus cambios de aceite necesarios, lo habría puesto a punto. Lo habría cuidado.

—¿De verdad? –desconfió Darrell–. Si volviéramos al aparcamiento y probáramos el Porsche que tiene tus palos de golf en el asiento trasero, encontrarías que tu Ford Taurus funciona mucho mejor que el Porsche, pues éste necesita urgentemente un cambio de bujías, pero tú no querías gastar los cuatrocientos dólares que cuesta. ¿Y la abolladura del lado izquierdo? Claro, ocurren accidentes. Pero ya viste el óxido. Esa abolladura tiene ya tiempo. Tú no la reparaste. Conducías un automóvil con cinco años de uso que estaba cerca de convertirse en chatarra, muchacho, aunque comenzaste con uno de los coches más finos que hay en el mercado. Y lo mismo se aplica a la felicidad. Si no la cuidas, la engrasas, le haces sus cambios de aceite y sus puestas a punto, la felicidad se convierte rápidamente en algo sin valor.

—¿Y dónde llevas a la felicidad para ponerla a punto? –pregunté.

—Eso debes aportarlo tú para apoyar tu deseo –replicó Darrell–. Los engrases, los cambios de aceite y las puestas a punto. *Ya* tienes el Porsche, el Porsche eres tú. Lo hayas pensado o no, eres una máquina maravillosa, igual que un Porsche. Pero mucho mejor que la fabricada por los ingenieros alemanes. Lo que necesitas son los engrases, los cambios de aceite y las puestas a punto. Y eso no te lo puedo conceder yo. Tú tienes que proporcionarlo. Si aportas eso, serás como un coche de carreras bien preparado.

—Está bien –dije–. Ya estoy cansado de hablar con analogías: ¿qué *son* esos engrases, esos cambios de aceite y esas puestas a punto que tengo que aportar? Estoy listo para saberlo.

—No tan rápido –contestó Darrell–. El primer paso es que debes cambiar un poco tu modo de pensar. No mucho, sólo un poco. Podrás hacerlo fácilmente.

—¿Qué tengo que hacer?

—No pienses en la felicidad. Que no pase por tu cabeza. Piensa en «tener éxito en tu trabajo» –explicó Darrell–. Ése es el primer paso y es muy pequeño. *Piensa en tener éxito en tu trabajo.* La felicidad es una consecuencia de tener éxito.

Darrell mantuvo su mano en alto, como si quisiera que guardara silencio. Por supuesto que iba a rebatir lo que él afirmaba.

—Sé lo que vas a decir –me atajó Darrell–, que muchas personas de éxito no son felices. Sus matrimonios son un fracaso o tienen problemas con el alcohol. Tienen serios *problemas*.

—¡Exactamente!

—Veamos primero el lado opuesto de la premisa –me contuvo Darrell–. Ya te dije que «la felicidad es una consecuencia de tener éxito.» Ahora considera lo contrario: ¿puedes ser feliz si no tienes éxito?

Lo pensé un momento. ¿Puedes ser feliz si no tienes éxito? *¿Puedes ser feliz si no tienes éxito?*

Antes de que pudiera decir algo, Darrell continuó:

—Por ejemplo, digamos que eres maestro de tercer grado. Odias tu trabajo. Odias a tus alumnos y a sus padres. No te agradan los otros maestros. Y, como no debería extrañarte, eres un maestro nefasto. Simplemente no puedes ser un excelente maestro si odias tu trabajo, a los niños y a tus compañeros. Ahora escucha, esto es importante, *¿podría ese maestro de tercer grado ser feliz en las otras áreas de su vida?* ¿Puede tener un matrimonio satisfactorio? Por supuesto que no.

—Ese maestro estaría tan insatisfecho fuera de su trabajo como en él. Claro, podría ahogar su infelicidad con la televisión, con algún pasatiempo o incluso bebiendo pero, definitivamente, ese maestro no sería feliz.

—Ahora veamos lo opuesto. ¿Y si ese maestro amara su trabajo, a sus estudiantes, le gustaran los desafíos y le agradaran sus compañeros? Es probable que fuera un magnífico maestro. Y que tuviera éxito en su trabajo. Siento que ese maestro tendría un mejor matrimonio y participaría más en otros aspectos de su vida. En resumen, sería feliz.

¿Cómo podía rebatir eso? Tal vez incorporando el dinero a la ecuación. Como todos sabemos, los maestros de tercer grado no ganan una fortuna.

—¿Y el dinero? –pregunté.

—Ahí es donde la gente confunde el asunto –dijo Darrell–. Sí, sí, todos hemos oído que con el dinero no se compra la felicidad. Bien, veamos lo que *sí* la compra. Si el dinero no lo hace, *¿qué la compra?*

Me encogí de hombros.

Darrell se inclinó sobre la mesa. Estaba totalmente inmerso en el asunto.

—Lo que compra la felicidad para los maestros de tercer grado es que *amen su trabajo*, que amen a sus alumnos, que amen el desafío de acelerar el avance de sus estudiantes.

—Que tengan alegría y pasión por su trabajo, igual que Mack, Mónica y George –acepté.

—Correcto, que tengan *alegría* y *pasión por su trabajo*. Si tuvieran más dinero, estarían mejor, porque podrían comprar más cosas, pero eso no los haría más felices. Piensa en George. Él ya no puede ganar más, pero ¿parece feliz?

—Por supuesto. Me encantaría sentirme como él –declaré.

—Eso es lo que logran los engrases, los cambios de aceite y las puestas a punto. Una vez que comienzas a pensar en tener éxito en tu trabajo, sólo necesitas aplicar los engrases, los cambios de aceite y las puestas a punto. Esto funciona automática y positivamente, y funciona todas las veces, ya seas agente de la propiedad inmobiliaria, maestro, antropólogo, empleado de mostrador, campesino o cardiólogo. *Funciona automática y positivamente, todas las veces, para todos.* Absoluta y definitivamente, no puede fallar. ¿Ves a esos brutos que están en la barra? Pues también funcionaría automática y positivamente, todas las veces, para ellos.

—Bueno, entonces dime qué son esos engrases, esos cambios de aceite y las puestas a punto –rogué.

—Aquí no –contestó Darrell–. Salgamos de esta pocilga.

Darrell miró la cuenta, buscó en su bolsillo y depositó un montón de billetes sobre la mesa.

—Yo invito –dijo. Y salió del bar.

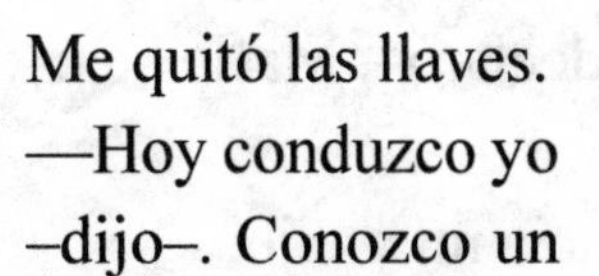

Capítulo 10

Me quitó las llaves.

—Hoy conduzco yo –dijo–. Conozco un lugar donde podrás tomar una buena taza de café y un estupendo pedazo de tarta de limón con merengue. Con eso recuperarás la sobriedad.

El viaje hasta el restaurante de Mack duró sólo cinco minutos. Era extraño, pues se hallaba en el camino de vuelta de la playa, a más de una hora de distancia. Por el modo en que estaba funcionando este asunto de los viajes en el tiempo, el restaurante de Mack resultaba más a mano que miles de McDonald's.

Entramos en el local. Estaba lleno de gente. Al fondo, vi que alguien nos saludaba. Era George, el empleado del aeropuerto. Junto a él estaba Mónica, la agente de bolsa. Nos acercamos a su mesa. Cada uno tenía ante sí un trozo de tarta a medio comer y una taza de café.

—Acompañadnos –invitó George. Nos sentamos. Mack trajo tres tazas y una jarra con café. Preparó las tazas, sirvió café en cada una de ellas y nos ofreció una a Darrell y otra a mí. ¡El aroma era exquisito! Después, Mack tomó una silla vacía de una mesa vecina.

—Es hora de un descanso –declaró–. Marie atenderá a los clientes mientras tanto.

A continuación, se volvió hacia mí y dijo:

—¡Me alegro de que hayas vuelto!

—Adelante, cuéntales –dijo Darrell.

—¿Contarles qué? –pregunté.

—Que estás listo para pedir tu deseo.

—¿Lo estoy?

—Estabas listo hace diez minutos –dijo Darrell–. ¿Recuerdas el Porsche?

—¿Ibas a pedir un Porsche? –preguntó George.

Asentí y después me encogí de hombros, como si ello explicara de algún modo mi locura temporal.

Mientras me enredaba con gestos inútiles, Marie colocó ante nosotros tres trozos de tarta de limón con merengue. ¡Qué oportuna!

Con la boca llena de tarta, sentía que podía explicarme mejor.

—Bueno, más bien... –dije–. Estaba pensando lo del Porsche, había bebido un par de whyskies. No fue un deseo oficial. En lugar de ello, Darrell sugirió que pensara en «tener éxito en mi trabajo».

—¡Qué buen consejo! –exclamó Mónica, mientras tomaba un trozo de tarta.

—Sí, muy buen consejo –opinó Mack–. Por cierto, ¿notas la diferencia en los limones? Acaban de llegar hoy de Israel. No, no pienses en ello: sólo disfrútalo.

—Darrell iba a contarme acerca de los engrases, los cambios de aceite y las puestas a punto –dije.

George, Mónica y Mack rieron como si fuera una broma que sólo ellos conocían.

—Me ha dicho que los engrases, los cambios de aceite y las puestas a punto funcionan absoluta y positivamente, todas las veces, para todos; que es absolutamente imposible que fallen –proseguí–. Amigos, contadme: ¿cómo fue vuestro cambio de aceite?

—¡Fácil! –comenzó Mack–, ordené mi cocina, la limpié con vapor, la froté, la enjuagué y la pulí hasta dejarla reluciente.

—Yo tomé lecciones de mecanografía –dijo George–, pasé de escribir sesenta palabras por minuto a más de noventa.

—Yo tomé un curso de Dale Carnegie –terció Mónica–. Ya sabes, donde tienes que ponerte en pie frente a un grupo de extraños y darles un discurso breve.

—¿Ésos son los *cambios de aceite*?

—Cambios de aceite en nuestras carreras –aclaró Mack–. Todos teníamos aceite sucio en el sistema. El cambio de aceite fue *mejorar algo*.

—¿Mejorar algo? *¿Eso es?* –pregunté.

—Parece algo muy tonto –dijo Mack–. A primera vista, limpiar la cocina *parece* simplemente como un trabajo de mantenimiento. Y eso es. Es algo que debería haber hecho con regularidad. Su importancia le viene de que fue *parte de algo*. No fue un ejercicio de limpieza aislado.

—Lo mismo ocurrió con mis lecciones de mecanografía –agregó George–. A primera vista, las lecciones no estaban mal, aunque en realidad no las necesitaba, pues ya escribía bastante bien. Pero fueron *parte de algo*.

—Y mi asistencia al curso de Carnegie es el mismo caso–dijo Mónica–. Superficialmente, el hecho de tomar el curso parece algo bueno, aunque ya antes tenía bastante desenvoltura. Pero *era parte de algo*.

—¿Y qué fue ese algo? –pregunté.

—Cada noventa días –replicó George.

—Sí, cada noventa días –ahora fue Mack quien respondió.

—Cada noventa días –hizo eco Mónica.

—¿Qué queréis decir con «cada noventa días»? –inquirí.

—Si quieres *tener éxito en tu trabajo* –dijo Mack–, cada noventa días *debes* realizar los engrases, los cambios de aceite y las puestas a punto.

—Ello significa mejorar o iniciar tres cosas cada noventa días –planteó George.

—¿Eso es? –me asombré–. *¿Mejorar o iniciar tres cosas cada noventa días?*

Los tres asintieron.

—Parece muy simple, ¿no? –pregunté.

—Sí, *parece* simple –explicó Mónica–. Pero si lo analizas, verás que no tiene nada de simple. Puedes decir que la gente mejora o inicia algo todo el tiempo, pero eso sólo es parcialmente cierto. Mejorar o iniciar algo nuevo, para la mayoría de las personas, es algo *aleatorio*, *poco frecuente* y *no planeado*. Nosotros hablamos de algo no *aleatorio*, *frecuente* y *planeado*.

—¿Por qué tres cosas? –quise saber.

—*Hasta* tres cosas –me corrigió George–. Lo que intentes mejorar o iniciar puede ser una sola cosa. Si preparas una lista de las cosas que debes mejorar o iniciar, puedes juntar doce o más elementos. Eso es demasiado. Te sentirías abrumado y tus acciones se paralizarían. *Hasta* tres cosas no es demasiado, puedes concentrarte.

—Asimismo, ello hace que *tomes* una decisión –prosiguió Mack–. *Tú* debes decidir cuáles son las tres cosas. No tu jefe, ni tu esposa o tus padres. *Tú*. Si *tú* tomas la decisión y eliges las tres cosas, tendrás un poco más de dedicación y de vigor para mejorar o iniciar algo. ¿Comprendes por qué son planeadas y no aleatorias?

Mack le hizo una señal a Marie, la camarera. Todos habíamos terminado nuestras raciones de tarta de limón con merengue, rápidamente trajo otras. Normalmente, no soy fanático de los postres, pero esta tarta era increíble.

—Te daré un ejemplo de cómo elegí yo–dijo Mack–. Mi primer cambio de aceite fue limpiar la cocina. Ello mejoró algo mi trabajo. Sin embargo, si alguien me hubiera dicho que *tenía* que limpiarla, es probable que lo hubiera hecho, pero no con la dedicación y el vigor necesarios para dejarla inmaculada.

Eso lo comprendía perfectamente. Mi jefe había dejado de sugerirme puntos en los que yo podía mejorar, al ver que me resistía o hacía caso omiso de sus comentarios.

—*Tú* debes elegir lo que quieres mejorar –dijo Mónica–. Después de conocer a Darrell, comencé a *pensar* que podría pasar de secretaria a agente de bolsa. De todos modos, ya había hecho gran parte del trabajo de preparación para mi jefe. Sólo que ahora debería hacer el trabajo para mí misma y cerrar los tratos yo misma. Pero me faltaba la confianza necesaria para intentarlo. Tomé el curso de Dale Carnegie, simplemente para mejorar mi confianza. Si mi jefe me hubiera sugerido que tomara dicho curso, es probable que hubiera pensado: *¿Quién se cree que es?*

—También eliges tú *cuánto* quieres mejorar o lo *lejos* que quieres llevar un nuevo proyecto –planteó George–. *Tú* fijas las referencias. Por ejemplo, cuando comencé las lecciones de mecanografía, pensaba que quería llegar a cien palabras por minuto. En el proceso, *yo* decidí que bastaba con noventa. Después de todo, no debía escribir documentos extensos. Con lo que escribía todos los días, noventa palabras por minuto duplicaban mi eficiencia. Por tanto, ¿qué hice? Dejé de tomar lecciones. Dejé de asistir a clase. Si *otra persona* hubiera fijado mis metas, yo habría continuado sin gran determinación. Es probable que me hubiera aburrido o incluso podría haberme molestado. No hubiera estado tan dispuesto para mejorar otras cosas.

Eso lo comprendía. Lo comprendía muy bien.

—Sí, fíjate en mi café –comentó Mack–. Yo sólo quería mejorarlo un poco. Era tan malo antes...

—Eso es muy cierto –interrumpió Darrell que hasta ese momento se había dedicado a escuchar y a asentir. Mack se rió.

—Decidí concentrarme en el café, como una de mis tres mejoras en noventa días. Pero entonces me apasionó de verdad. Ya no fue algo que quería mejorar, pasó a la categoría de *iniciar algo nuevo*. Pasé muchas horas tostando semillas de café exóticas, experimentando y degustando. Se convirtió en una *diversión*. Había iniciado algo. Todos los días estaba ansioso por servirles las nuevas mezclas a mis clientes y pedirles su opinión.

—Fue entonces cuando comencé a observar en Mack la alegría de trabajar, la pasión –dijo Darrell. Después, fijó su mirada en mí–. Tal como viste, la alegría y la pasión son inconfundibles, simplemente irradian de la persona.

—Y no desaparecen –manifestó George–, siempre y cuando mejores o inicies hasta tres cosas cada noventa días. De ese modo, lo comprendas o no en este momento, *reformarás por completo tu trabajo*, cualquiera que éste sea, para que sea como *tú* quieres.

—Sí –apoyó Mack–, mira el trabajo de George. Es entregar tarjetas de embarque. No puede salirse de eso. Pero, muchacho, ¡no te imaginas como se divierte!

—La razón de que me divierta –dijo George–, es que mejoro o inicio algo nuevo *relacionado* con la entrega de las tarjetas de embarque. Así, he reformado esa actividad para que *sea como yo quiero*.

—¿Por qué cada noventa días? –pregunté.

—Es como el informe trimestral de una compañía –explicó Darrell–, aunque nosotros lo tomamos como un *programa trimestral*. El informe trimestral de una empresa es básicamente un resumen de sus logros durante los noventa días anteriores. El *programa trimestral* es un esfuerzo consciente que se va a aplicar durante los *siguientes* noventa días. Noventa días es tiempo suficiente para mejorar o iniciar algo. Y un año tiene cuatro partes de noventa días. Con eso divides el año en partes manejables. Por lo tanto, tienes cuatro *programas trimestrales* cada año.

—Analízalo un minuto –dijo George–. Digamos que eliges tres cosas que quieres mejorar o iniciar cada noventa días. Ello representa *doce cosas* que mejoras o inicias en un año. Piensa en lo que cambiaría tu trabajo. *Habrías reformado completamente tu trabajo para que fuera como tú quieres.* Claro, la actividad básica sería la misma (en mi caso, entregar tarjetas de embarque), pero todo lo que rodea esa actividad habría cambiado. *Tú* habrías reformado tu trabajo para que fuera como *tú* quieres. Si estuvieras en una gran empresa, tu jefe (o el jefe de tu jefe) notaría las mejoras. Es probable que obtuvieras ascensos mucho más rápidamente, que volaras hacia la cima. Fíjate en Mónica. Va volando hacia la cima y sus superiores notan como mejora. Un día ella dirigirá toda la compañía.

—Veámoslo en forma más conservadora –opinó Mónica–. ¿Qué pasaría si decidieras mejorar o iniciar *una sola cosa* cada noventa días? Sólo una. Ello significaría que mejorarías o iniciarías cuatro cosas al año. ¡Piensa en todo lo que pueden cambiar esas cuatro cosas!

—En dos años, podrías mejorar o iniciar entre ocho y veinticuatro cosas –intervino Darrell–. Sin embargo, cuando las ves en periodos de noventa días, no te intimidan en absoluto.

—De hecho, es bastante fácil –dijo Mack.

—La parte más difícil no es mejorar o iniciar –planteó Mónica–. Después de un tiempo, encontrarás que lo más difícil es planear. Claro, en los primeros periodos de noventa días es relativamente fácil decidir qué se debe mejorar o iniciar. Por ejemplo, ¿puedo preguntarte qué te gustaría mejorar o iniciar durante los próximos noventa días?

La pregunta no tenía nada de difícil. Tomé un sorbo de aquel maravilloso café.

—Una cosa que me gustaría mejorar –contesté–, es llegar más temprano al trabajo. En lugar de llegar a las nueve treinta de la mañana, preferiría llegar a las ocho en punto. Si llegara a esa hora, probablemente sería el primero en estar en la oficina.

—¿Ves como es muy fácil pensar en la primera cosa? –dijo Mónica–. Ahora, ¿te sería difícil ser el primero en llegar a la oficina?

—No es difícil –repliqué–. Los fines de semana me levanto a las cinco y media para jugar al golf. No me sería difícil llegar temprano al trabajo. Aunque no sé qué haría tan temprano. Simplemente leer el periódico más temprano.

—No te preocupes por lo que harías si llegaras a las ocho –recomendó Darrell–. Si decides mejorar o crear algo más, ya tienes tiempo para ello. De hecho, tendrías noventa minutos adicionales cada día (*o siete horas y media a la semana*) para trabajar en esa otra cosa que vas a mejorar o iniciar. Es como tener un día más cada semana.

—¿Y qué te gustaría mejorar o iniciar una vez que te encuentres con un día más cada semana? –preguntó George.

Tomé otro sorbo de café y otro bocado de tarta.

—¿Lo ves? –dijo Mack–, lo primero que debes mejorar o iniciar surge fácilmente. Ahora tienes que *pensar*. Nadie va a *decirte* lo que debes hacer. Tú vas a *planearlo*.

—Está bien, me agrada eso –contesté–. ¿Sabéis?, con ese tiempo adicional hay una cosa que me gustaría iniciar. Lo he pensado durante bastante tiempo, pero siempre termino descartándolo.

—¿Qué es?

—Permitidme que os aburra un poco hablando del negocio inmobiliario –expliqué–. Una parte fundamental del negocio son las exclusivas. Ya sabéis: si un cliente me nombra su agente exclusivo, recibo la mitad de la comisión, independientemente de quien venda la casa.

—¿Cuántos agentes inmobiliarios hay en el área de Portland? –quiso saber George.

—Unos seis mil –contesté.

—¡Caramba! Si fueras el agente exclusivo de todas esas propiedades –comentó George–, tendrías a seis mil agentes inmobiliarios trabajando para ti. Sí, comprendo que es importante ser el agente exclusivo.

—Y, si *yo* vendo la casa que tengo en venta –agregué–, recibo toda la comisión. Por ello, he estado pensando en la forma de aumentar mis exclusivas. La gente siempre conoce a *alguien* que quiere vender su casa. Sólo debo conseguir que piensen en mí. Pero no puedes estar siempre molestando a tus amigos diciéndoles: *¿Conoces a alguien que quiera vender su casa?* En poco tiempo te quedarías sin amigos.

—¿Y cómo piensas conseguir que te recuerde –preguntó Mónica.

—Una tarjeta de felicitación –precisé–. No de cumpleaños, sino una *tarjeta humorística.* En una forma ligera y graciosa, enviaría una tarjeta cada... bueno... cada noventa días a todos mis amigos y conocidos. A la gente le gusta recibir tarjetas postales. Si les agrada la mía, algunos me recomendarían ante aquellos de sus amigos que piensen en vender sus casas.

—Buena idea –opinó George–, ¿quién hace estas tarjetas?

—Nadie –contesté–, he pensado hacerlas yo. Creo que podría hacerlas en un ordenador. Sólo hay un problema que me hace postergarlo todo.

—¿Qué es? –preguntó Mack.

—Nunca he usado un ordenador.

—¡Ajá!... Ahí tienes la *segunda cosa* que puedes mejorar o iniciar –dijo George–, dispones de noventa minutos diarios para aprender a usar un ordenador. En la actualidad, hay programas de imágenes muy fáciles de aprender. Te sorprenderás de la rapidez con la que vas a aprender.

—Cierto, *¡muy cierto!* –me emocioné. Era como si se hubiera encendido una luz dentro de mi cabeza.

—Bueno, ya está –intervino Darrell–. Tienes tres cosas para mejorar o iniciar durante los próximos noventa días. *Una*, llegar a la oficina a las ocho en punto todos los días. *Dos*, tomar clases para aprender a usar un ordenador. Y *tres*, diseñar la primera de esas tarjetas humorísticas. Anótalas. No escribas nada más. Concéntrate en esas tres. Ni siquiera pienses en cómo serán esas tres cosas después de los primeros noventa días. Sólo piensa en ellas todo el tiempo.

—¿Ves como parece que vienen juntas? –comentó Mónica–. Cuando piensas en tener éxito en tu trabajo *una cosa conduce naturalmente a la otra.* La clave está en que *tú* elijas cómo quieres que sea tu trabajo.

—No es que quiera ponerme negativo –interrumpió Darrell–, pero ¿cuáles serían las consecuencias si las tarjetas humorísticas no funcionaran?

Lo pensé un momento. ¿Qué sucedería si esta idea no consiguiera atraer a nuevos clientes? ¿Qué sucedería si enviara un montón de simpáticas tarjetas y todo siguiera igual?

—Bueno, al menos habría hecho el intento –contesté.

—Y te habrías acostumbrado a ser el primero en llegar al trabajo y habrías aprendido a usar un ordenador –completó Darrell–. Con esa nueva costumbre y tu nueva habilidad, estarías mejor preparado para mejorar o iniciar cosas en los *siguientes* noventa días. Y, una vez dispuesto a mejorar o iniciar hasta tres cosas cada noventa días, descubrirás que *las mejoras engendran mejoras* y que *el inicio de cosas nuevas engendra el inicio de más cosas nuevas.*

—Es probable que ahora tengas una mejor idea de la E-T-E, la Ética del Trabajo Eficaz, ¿no crees? –preguntó Mack.

—Claro que sí, se trata de mejorar e iniciar hasta tres cosas cada noventa días –exclamé–. Estoy emocionado. Comprendo por qué vosotros tenéis tanta alegría y tanta pasión en vuestros trabajos. También yo comienzo ya a sentir más alegría y más pasión que antes por *mi* trabajo, y eso que todavía no he utilizado la E-T-E.

Tomé otro sorbo de café. Pensé que era un buen momento para realizar mi deseo.

—Bueno, ¿cómo lo hago?, ¿cómo pido mi deseo? –pregunté.

—Igual que cuando eras un niño –contestó Darrell, riendo–, salvo que no tienes que cerrar los ojos ni soplar para apagar las velas. Simplemente expresa tu deseo.

Aclaré un poco mi garganta.

—*Deseo tener éxito en mi trabajo* –dije.

No hubo rayos, truenos, redoble de tambores ni fuegos artificiales. Fue como seguir nuestra conversación. Darrell debió haber agregado algunos efectos especiales pero no lo hizo.

—Te concedo el deseo –dijo Darrell.

—¿Ya está? ¿Eso es todo? –me asombré.

—Con eso basta –contestó Darrell.

—Permítele incluir una enmienda –dijo Mack.

Darrell lo miró inquisitivamente.

—Permítele agregar «y la alegría y la pasión de hacerlo» –concluyó Mack.

—Ése es un calificativo innecesario –dijo Darrell–. Lo que él pidió: *Deseo tener éxito en mi trabajo* es amplio. Si realiza los engrases, los cambios de aceite y las puestas apunto, la alegría y la pasión por su trabajo ocurrirán naturalmente. La *única* forma de tener alegría y pasión en el trabajo es mejorar o iniciar cosas. Una vez que dejas de hacerlo, se vuelve aburrido. Ya le he concedido su deseo, ahora depende de él cuidarlo.

Mack, Mónica y George me felicitaron.

—Vas a pasar los mejores momentos de tu vida –me dijo Mack.

—Ya lo verás –agregó George–. Te vas a divertir en grande –George miró su reloj–. Bueno, yo ya he comido mi ración de tarta de limón con merengue, pero mi esposa no. Mack, ¿me preparas una porción para llevar?

—Claro, George, ven conmigo. De todos modos, ya debo volver al trabajo –contestó Mack.

—Y yo no debo perder mi vuelo –dijo Mónica.

Mack, Mónica y George me dieron la mano y me volvieron a felicitar. Un momento después, Darrell y yo nos quedamos solos.

—¿Qué sigue ahora? –le pregunté.

—Tienes que estar mañana a las ocho en punto en el trabajo, eso es lo que sigue –dijo Darrell.

Se levantó de la mesa.

—Ah, hay algo más –corrigió Darrell–. Debes insertarme en otro envase. No puede ser un bote de aerosol. Nunca debí dejar que aquel tipo me metiera allí. El aerosol llegó al mar y tuve que viajar once mil kilómetros. Las olas del Pacífico son inmensas, ¿sabes? Además, pudieron pasar décadas antes de que alguien me encontrara. Piensa en todos esos deseos que no pude conceder por estar metido en un aerosol en la mitad del océano o en una playa solitaria. ¡Qué desperdicio!

—Entonces, ¿cómo hacemos? –le pregunté.

—Sígueme, muchacho –replicó Darrell.

¿No es lo que hago siempre?, pensé.

Salimos del restaurante y cruzamos la calle. No la reconocí. Sin duda no era una calle de las que están camino de las playas de Oregón, donde estaba antes el restaurante de Mack.

Llegamos a una gasolinera. Estaba llena de coches abasteciéndose de gasolina, agua y aire. A un lado del edificio había una máquina de refrescos.

—Ahí –exclamó Darrell, señalándola.

—¿Ahí? ¿Cómo?

—Sólo elige un sabor –dijo Darrell–. Señala uno.

—¿Así, nada más?

—Así, nada más –dijo Darrell–. Te visitaré de vez en cuando, igual que a Mónica, George y Mack. Bueno, muchacho, estás en la posición ideal para *montar el caballo correcto*: tú. Pero tienes que dirigirlo; tienes que realizar los engrases, los cambios de aceite y las puestas a punto. Si no lo haces, ya conoces el futuro. Así que, como decían en las viejas películas de vaqueros: *¡Adelante!*

—A ver qué te parece ese sabor, muchacho –le dije, señalando una lata de cola light.

Con un destello y un giro veloz, casi como un mini tornado, Darrell voló dentro de la lata. El sello permanecía intacto pero, de algún modo, ahora Darrell estaba dentro de aquella lata de refresco light.

¡Y ahora sí había usado efectos especiales!

Atravesé la calle de vuelta al coche. Entré, lo puse en marcha y me dirigí a la carretera que, gracias a los viajes en el tiempo, ahora era la carretera conocida que llevaba a mi casa.

Mientras conducía, repasé mentalmente todo lo vivido con Darrell. Parecía un sueño. Tan increíble. Si hay cosas en la vida imposibles de explicar sin que los demás piensen que estás loco, ésta era una de ellas. No obstante, había recibido la oportunidad de tener éxito en mi trabajo. Y de ser feliz. De tener un matrimonio pleno. ¿Qué tenía ello de malo?

Mientras conducía, una idea me hizo estallar en carcajadas. Imaginé a alguien cansado que se detenía a echar gasolina. En mi mente lo vi salir del coche, buscar unas monedas en su bolsillo, elegir un refresco de cola light. Luego tirar de la anilla y entonces, *¡PFFFFFF!*, su vida cambiaba para siempre.

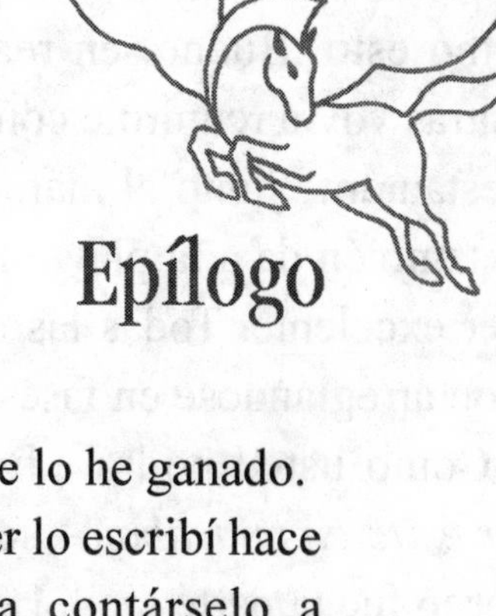

Epílogo

Voy paseando en mi Porsche. Por supuesto, no lo obtuve usando mi deseo. Éste me lo he ganado. El relato que acaba de leer lo escribí hace cinco años, pero temía contárselo a alguien. No quería que usted pensara que estoy loco o algo parecido. Pero ahora que me he abierto paso trabajando, me siento más confiado para hablar de las experiencias vividas con mi genio, con Darrell.

En la actualidad me va muy bien. Bastante mejor que muy bien. Me va verdaderamente bien. Los engrases, los cambios de aceite y las puestas a punto funcionaron como algo mágico. De hecho, he llegado al extremo de estar ansioso por que lleguen los siguientes noventa días para ver qué cosas voy a mejorar o iniciar.

Ahora poseo mi propia compañía inmobiliaria. La oficina principal está en Portland, Oregón, pero tengo diecisiete sucursales en cuatro estados. Una de esas sucursales está en Maui, Hawaii, desde donde escribo esto. Bueno, en realidad lo estoy dictando mientras voy a reunirme con mi esposa en un hermoso restaurante junto al mar, cerca de nuestra casa, la cual también da a la playa. Es mi misma esposa, una mujer excelente. Todas las diferencias que teníamos fueron arreglándose en fases de noventa días.

Como usted podrá adivinar, mi deseo *–quiero tener éxito en mi trabajo–* se hizo realidad. Claro que el deseo fue la parte fácil. Lo difícil fue pensar lo que implicaba el *programa trimestral.* Y no siempre ha sido fácil hacer los engrases, los cambios de aceite y las puestas a punto pero, como dijo Darrell, *las mejoras engendran mejoras y el inicio de cosas nuevas engendra el inicio de cosas nuevas*. Desde el principio, sentí una alegría y una nueva pasión por mi trabajo, un trabajo que, antes de conocer a Darrell, odiaba.

Una vez que fundé mi propio negocio, apliqué los principios que había aprendido de Darrell, Mack, Mónica y George, y se los presenté a mi primera empleada. ¡Y a ella le encantaron! La había contratado como secretaria y recepcionista; ahora es gerente de operaciones. Luego apliqué los mismos principios con mi segundo empleado. También le encantaron. Ahora es el director de nuestra sucursal en Hawaii.

Como en mi caso y en el de mis dos primeros empleados había funcionado tan bien, decidimos aplicar la E-T-E como norma para cualquier nuevo empleado que contratásemos. Me parece que si cada nuevo empleado mejora un poco en cada periodo de noventa días, nuestra empresa crecerá ininterrumpidamente.

Mientras voy a encontrarme con mi esposa en nuestro restaurante favorito, observo el nuevo restaurante Mack's. Cuando estoy en Maui me detengo en él casi todos los días. Éste es el segundo en esta ciudad. Tal vez haya usted leído en *The Wall Street Journal* que la compañía de Mack cotiza ya en bolsa. Por supuesto, he comprado una buena porción de la emisión inicial. ¿Cómo podía dejar pasar esa oportunidad? Él inspira esa misma alegría y pasión en sus empleados. La emisión tuvo mucho éxito y el valor de Mack's aumentó rápidamente a más de cincuenta millones de dólares.

Asimismo, Mónica fue fundamental para que la empresa cotizara en bolsa. Como predijo George, ahora es ella quien dirige su empresa. Es la presidenta y directora ejecutiva de una de las firmas más importantes de

Wall Street. En un año, consiguió lo inaudito: apareció en las portadas de *Business Week*, *Forbes* y *Fortune*. La veo aproximadamente una vez al año. Y sigue divirtiéndose mucho.

A George lo veo con frecuencia en el aeropuerto. Al igual que les ocurre a sus viajeros japoneses usuales, también a otros nos agrada que él nos atienda. Y por supuesto, a él le encanta. Otras compañías aéreas han intentado atraerlo, ofreciéndole puestos directivos donde podría ganar mucho dinero, pero él ha declinado tales ofertas. Pudo incorporarse al programa de jubilación anticipada de su empresa, pero me dijo que se lo pasaba muy bien en su trabajo. Este fin de semana, George y su esposa vendrán de vacaciones a Maui. El sábado vamos a jugar al golf juntos.

En cuanto a Darrell, es probable que no sea usted quien compró la lata de refresco adecuada, encontrándose así con el gigantesco y maravilloso genio. Después de todo, ¿cuáles eran las probabilidades de que fuera usted? ¿Una en un millón? ¿Una en cien millones?

No sé dónde se encuentra Darrell ahora. Lo veo de vez en cuando, pero uno nunca sabe en qué momento va a aparecer. No obstante, si usted quiere que se le conceda un deseo, hay algo que tal vez le interese. En lugar de dedicarse a visitar gasolineras, comprar refrescos light y tirar de sus anillas, tal vez le importe saber que Darrell me nombró su sustituto.

Ser «genio sustituto» me resulta muy fácil. Ni siquiera tengo que comer cuatro hamburguesas a la vez ni atravesar espejos. Mi misión es decirle a usted una cosa.

Y esa cosa es que lea en voz alta la oración que yo le indique.

Pero antes de que le conceda su deseo, *usted* debe hacer sólo un cosa. Y debe hacerla antes de que cierre este libro. Si la hace, su deseo se hará realidad –como dijo Darrell–, *automática y positivamente, todas las veces, para todos*.

Lo que tiene que hacer es comprometerse en este momento a realizar los engrases, los cambios de aceite y las puestas a punto. Este compromiso debe aceptarlo ahora, no mañana, ni la semana próxima.

Su compromiso comienza señalando *en este momento* uno de los cuadritos siguientes:

❑ **Voy a actuar ahora**. Voy a escribir algo en los espacios destinados a mis engrases, mis cambios de aceite y mis puestas a punto, antes de cerrar este libro. (Si señala este cuadro, su deseo se hará realidad.)

❑ **Voy a dejarlo para después**. Voy a escribir algo en esos espacios, pero en otro momento. (Si marca este cuadro, será mucho más difícil que su deseo se haga realidad. ¡No deje que esto suceda! Si ha marcado este cuadro, bórrelo y marque el cuadrito anterior. ¡Hágalo ahora! Créame, es mucho más divertido.)

Si de todas formas ha marcado el cuadrito «Voy a dejarlo para después», no debe continuar con esa idea. En la vida no es frecuente tener una segunda oportunidad, sin embargo, aquí está su segunda oportunidad de hacer ahora el compromiso que cambiará su vida.

❑ **Está bien. Voy a actuar ahora**. Voy a escribir algo en los espacios destinados a mis engrases, mis cambios de aceite y mis puestas a punto, antes de cerrar este libro.

Continuemos.
Ahora lea la siguiente oración en voz alta:
Quiero tener éxito en mi trabajo.
Adelante, dígalo *en voz alta.*
Le concedo su deseo.

Ya está, su deseo ha sido concedido. Tendrá éxito en cualquiera que sea el trabajo que realice. Eso es todo. Lo lamento, pero no sé mucho de efectos especiales.

No voy a decirle cuáles deben ser sus engrases, sus cambios de aceite y sus puestas a punto. Eso depende de usted.

Escriba entre una y tres cosas que quiera mejorar o iniciar durante los próximos noventa días.

Adelante, piense un minuto o dos y escriba al menos una de ellas en este preciso momento. Recuerde que ha señalado el cuadrito «Voy a actuar ahora.» Entonces, muchacho, actúe *ahora*.

1. ______________________________
2. ______________________________
3. ______________________________

Para ayudarle a que tenga éxito en su deseo, he incluido un Programa Trimestral. Es fácil de usar. Y divertido. Le agradará consultarlo dentro de unos años y ver todos los engrases, los cambios de aceite y las puestas a punto que ha realizado.

El Programa Trimestral funciona así:

1. Anote la fecha inicial de sus primeros noventa días.
2. Consulte un calendario y anote la fecha final de sus primeros noventa días.

3. Escriba tres cosas que le gustaría mejorar o iniciar. Basta con una descripción breve, no necesita ser extensa ni detallada.
4. Anote una referencia o una forma de medir lo que quiere iniciar o mejorar. No se preocupe demasiado por la referencia. Sólo escriba algo.

Antes de continuar, quiero que haga una última cosa.

Marque este momento en el margen de esta página. Adelante, escriba la fecha y la hora actual. Éste podría ser el inicio de un verdadero cambio en su vida: una experiencia cuyo impacto sentirá durante muchos años. Esta fecha se volverá importante para usted.

Ahora que ya ha escrito al menos una cosa para mejorar o iniciar, se va a dar cuenta de que todo esto va a hipnotizarlo. Va a meterse bajo su piel. Y usted va a hacer algo al respecto. Va a tomar pasos muy importantes para hacer realidad su deseo: tener éxito en su trabajo.

Eso es. Ya ha comenzado. Ahora, termínelo.

Y sin duda se va a divertir.

Programa Trimestral

Sus primeros engrases, cambios de aceite y puestas a punto

Fecha inicial: Día ________ Fecha ________
90 días después: Día ________ Fecha ________

	Descripción	Referencia
1.		
2.		
3.		

- ❑ Engrase
- ❑ Cambio de aceite
- ❑ Puesta a punto

Programa Trimestral

Sus segundos engrases, cambios de aceite y puestas a punto

Fecha inicial: Día ________ Fecha ________
90 días después: Día ________ Fecha ________

	Descripción	Referencia
1.		
2.		
3.		

- ❑ Engrase
- ❑ Cambio de aceite
- ❑ Puesta a punto

③

Programa Trimestral

Sus terceros engrases, cambios de aceite y puestas a punto

Fecha inicial: Día ________ Fecha ________
90 días después: Día ________ Fecha ________

	Descripción	Referencia
1.		
2.		
3.		

- ❑ Engrase
- ❑ Cambio de aceite
- ❑ Puesta a punto

④

Programa Trimestral

Sus cuartos engrases, cambios de aceite y puestas a punto

Fecha inicial: Día ________ Fecha ________
90 días después: Día ________ Fecha ________

	Descripción	Referencia
1.		
2.		
3.		

- ❑ Engrase
- ❑ Cambio de aceite
- ❑ Puesta a punto

Conclusión

Hace años, hojeando una revista en la recepción de un hotel, en espera de una reunión, leí que, muchos siglos atrás, solían representar *la oportunidad* como un caballo. Un caballo *alado*. No uno de esos caballos entrenados que se arrodillan, sino un caballo siempre en movimiento, siempre volando. Me quedé pensando en ello. Si uno toma por las alas a uno de esos caballos cuando se acerca, tendrá una buena oportunidad de asirse firmemente a él. Sin embargo, una vez que el caballo ha pasado, no hay ya de dónde agarrarse, salvo de la cola, pero ésta es demasiado resbaladiza.

El Caballo de la Oportunidad puede representar a una persona, cierto empleo, el dinero o incluso la paz mental. Pero muchos ni siquiera ven que el caballo se les acerca, no se estiran lo suficiente para poder asir sus alas o les da miedo hacerlo porque no saben adónde los llevará el Caballo de la Oportunidad. Yo he sido afortunado casi toda mi vida y he podido asirme firmemente de sus alas. El Caballo de la Oportunidad me ha llevado a «destinos» magníficos y en él he hecho viajes maravillosos.

Ahora veo que ese caballo se dirige hacia *usted.*

¿Cómo puedo saberlo si usted está allá y yo estoy aquí? Bueno, porque está leyendo esto. Supongo que ha terminado de leer *Sólo un Deseo te Separa del Éxito.* Si ha leído este libro, ha atraido ya al Caballo de la Oportunidad. ¡La Oportunidad se está dirigiendo hacia usted!

Al principio, puede parecer difícil asir las alas de un caballo volador. Pero no lo es por las siguientes razones. Antes que nada, usted ve venir al caballo. Así, puede *prepararse* para tomarlo por las alas. Si se prepara, sólo tendrá que *asir* las alas cuando el Caballo de la Oportunidad pase frente a usted. ¿Cómo se prepara uno? Muy fácil. Piense en un máximo de tres cosas que le gustaría mejorar o iniciar y anótelas en los espacios del primer programa trimestral. Simplemente escríbalas. El resto sucede casi sin pensarlo.

Si no lo ha hecho, hágalo. Y después, prepárese para un maravilloso viaje en el Caballo de la Oportunidad.

Índice